KB127012

난세를 살아가는 직장인 처세술

'치망설존(齒亡舌存)'

난세를 살아가는 직장인 처세술
치망설존(齒亡舌存)

지은이 | 김승동
만든이 | 하경숙
만든곳 | 글마당

(등록 제02-1-253호, 1995. 6. 23)
펴낸날 | 2016년 7월 20일 1쇄

주소 | 서울시 송파구 송파대로 28길 32
전화 | (02) 451-1227
팩스 | (02) 6280-9003

홈페이지 | www.gulmadang.com / 글마당.com
페 북 | www.facebook/gulmadang
E-mail | 12him@naver.com

값 13,000원

ISBN 979-11-957312-2-0 (03190)

□ 이 도서의 국립중앙도서관 출판사도서목록(CIP)은 e-CIP홈페이지 (http://www.nl.go.krecip)
와 국가자료공동목록시스템(http://www.nl.go.kr/kolisner)에서 이용하실 수 있습니다.

contents

머리말

1장 리더십

우리 일상(日常) 하루하루가 난세(亂世)

흔히 우리가 살아가는 일상(日常)을 전쟁(戰爭)이라고 말한다. 하지만 우리의 일상은 전쟁보다 난세(亂世)라고 말 하는게 더 명확한 것 같다.

전쟁은 적과 아군이 명확하지만 난세에는 누가 적이고 누가 아군인지 가늠할 수 있는 뚜렷한 기준이 없기 때문이다. 극단적인 표현이지만 우리 모두 오늘의 동료(同僚)와 동지(同志)가 내일에는 적(敵)이 되어 비수(匕首)를 꽂을 수 있는 난세를 살고 있는 것이다.

이런 난세에 리더십 문제가 큰 화두(話頭)가 되고 있다.

정부와 민간, 정치권, 기업 등 가릴 것 없이 거의 모든 분야에서 문제투성이 리더십이 사회적 물의를 일으키면서 지탄의 대상이 되고 있기 때문이다.

오늘날 우리 사회 곳곳에서 벌어지고 있는 위기(危機)의 본질도 들여다보면 거의 모두 '리더십의 위기'인 것이다.

선장(船長)이 승객들에게는 '가만있으라'고 지시해 놓고 자신은 전복하는 배와 수백 명의 승객을 버려둔 채 제일 먼저 도망치는가 하면 해난 사고 발생 시 인명구조 사명을 갖고 있는 해경(海警)은 사고 선박에 올라타고도 기웃거리기만 한 채 배 안으로 뛰어들지 않아 수백의 고귀한 생명이 수장(水葬)되는 장면을 온 국민이 안타까움과 분노로 지켜 봐야만 했다.

더 큰 문제는 세월호 참사를 불러온 정부의 무능과 리더십 실종은 중동호흡기증후군Middle East Respiratory Syndrome, MERS(메르스) 사태에서도 그대로 되풀이 돼 안타까움을 넘어 실망을 더해줬다.

정부는 메르스 발생 초기 국민에게는 감염환자가 입원한 병원을 비밀에 붙이는 미숙하고도 어리석은 대처를 해 결국 국민은 정보를 '모르고 있어라'는 우둔한 리더십에 의해 또 수십의 아까운 인명이 희생됐다.

어떤 사태가 발생하기만 하면 정부는 국민에게는 그냥 정부를 무조건 믿고 따라 와 주기를 바라는 것인데 이런 일방 하향식(下向式)의 불통(不通) 리더십은 이젠 더 이상 통하지 않게 됐다.

세월호 사태 이후 우리 국민은 만약 앞으로 그와 같은 사고를 당했을 경우 국가가 자신을 구해 줄 것이라는 믿음을 더 이상 갖지 않게 됐다.

메르스 사태에서도 호미로 막을 일을 포클레인poclain을 동원해서도 해결하지 못하고 갈팡질팡하던 정부와 공직자들의 모습, 그리고 20대 국회가 지난 달 개원됐지만 여야 3당이 지도부 부재의 비정상적인 비대위 체제에 처하는 초유의 사태를 맞는 등 작금(昨今)의 어디를 둘러보아도 경의를 표하고 찬사를 보낼만한 리더십을 찾기가 어렵다.

그야말로 역사로 점철(點綴)되는 이러한 우리 일상의 하루하루가 난세(亂世)라고 아니할 수 없고 이런 현상으로 볼 때 리더십 문제는 앞으로도 우리 사회의 가장 큰 화두가 될 것으로 보인다.

미국 메릴랜드Maryland 주(州) 아나폴리스Annapolis의 미 해군사관학교 교정에는 "The best ship in times of crisis is leadership(위기 때 가장 좋은 배는 리더십이다)"라는 글귀가 있는데 우리 사회가 다방면의 위기에 처한 바로 지금이 흐트러진 리더십을 다시 한번 다잡아 추스르고 나가야 할 금쪽같은 골든타임Golden time이 아닌가 생각된다.

이런 문제에 대한 상념(想念)에서 그 동안 짧지 않는 직장생활을 해온 필자도 난세를 살아가는 이 시대의 직장인이 골든타임을 허비하지 않도록 하기 위해 직장생활을 둘러싼 몇 가지 경험과 생각들을 피력하고자 한다.

특히 적(敵)을 제대로 알고 싸우면 백전백승(百戰百勝)이라고 하듯이 어떤 면에서는 전쟁터와도 같은 위태로운 직장에 날마다 발을 내딛고 살아가는 직장인들이 조직을 둘러싼 나름대로의 권력과 권력자에 대한 속성을 제대로 알고 직장생활을 하면 덜 위험하다고 생각하고 미력(微力)하나마 보태고자 한다.

필자가 직장생활을 통해 값비싼 대가를 치르고 뼈저리게 체득한 몇 가지 교훈과 결론이 있다면 첫째, 조직에서 리더가 너무 중요하다는 것이다. 그래서

'누구나 리더가 될 수도 있지만 아무나 리더가 돼서는 안 된다'는 것이다. 따라서 어느 조직이든 리더를 뽑을 때에는 매우 신중해야 한다는 것이다. 이는 절대 권력은 절대 부패한다는 역설도 있듯이 한때는 훌륭한 사람이고 인격적이라고 믿었던 조직의 선배와 리더도 권세(權勢)를 부리는 자리에 좀 오래 앉아있다 보니 결국 색이 바라고 썩은 냄새가 나는 것을 목도(目睹) 했기 때문이다.

둘째, 조직에서 권력을 쟁취하는 것과 권력을 확고히 하는 과정에는 본질적인 차이가 있다는 것이다. 전자(前者)에서는 무능한 자가 불필요하고 후자(後者)에서는 공로가 높은 자는 기본적으로 불편하고 때로는 위협이 된다. 즉, 난세(亂世)에는 유능한 사람을 등용해야 하지만 천하를 평정하고 나면 이들을 제거하여 후환을 없애려는 '토사구팽(兎死狗烹)'의 작태(作態)가 삼국지에만 나오는 이야기가 아니고 오늘을 살아가는 인간사에도 그대로 자행되고 있다는 것이다.

셋째, 똑똑하고 강한 자가 오래 살아남는 것이 아니라 오래 살아남는 자가 강한 자이고 승자라는 것이다. 물론 오래 살아남기 위해서 공부를 많이 하고 머리가 좋고 일을 잘하고 성과를 많이 내는 것도 필요하지만 사람의 속성을 이해하고 잘 어울려야 한다.

넷째, 직장생활에서 부하가 너무 강직(剛直)함을 미덕으로 알면 화를 당하게 된다는 것이다. 이는 옛날이나 지금이나 대체로 윗사람들은 바른 말 하는 사람보다 고분고분한 사람을 좋아하기 때문이다.

난세를 살아가는 직장인 처세술

동서고금(東西古今)의 역사를 보면 역대 통치자들 거의 대부분이 집권 초에는 진실만을 말하는 충직한 자를 가까이 하고 소인배들을 멀리 하겠다고 자처했으나 정말로 그렇게 한 통치자는 찾아보기 힘든 것 같다. 지금도 여러 조직들마다 권력자 주변에 바른 말 하는 참모들이 오래 붙어있지 못하고 간신들과 소인배들이 그 공간을 차지하고 있는 현상이 그 사실을 웅변해 준다.

　다섯째, 직장생활에서 적(敵)은 생각보다 늘 가까이 있는데 누가 적인지 모르는 것보다 더 큰 적이 없으며 적과 벗하고 있는 것보다 더 큰 화가 없다는 깨달음이다. 정말 난세가 아니라고 할 수 없지 않겠느냐?

　필자는 이러한 난제(難題)들에 대처하기 위한 한 방안으로 '장님이 코끼리 뒷다리 만지듯 하는' 어설픈 감도 없지 않겠으나 〈치망설존(齒亡舌存)〉을 이야기 하고자 한다.

　'치망설존'은 글자 그대로 직역하면 "치아는 망가져 없어져도 혀는 남는다"는 뜻이나 좀 풀어서 설명하면 '조직에서 능력이 있고 똑똑할지라도 강직한 자는 치아(齒牙)처럼 부러지고 망가지기 쉬우나 설사 능력이 없고 똑똑하지 못하더라도 부드러운 자는 혀(舌)처럼 오래 살아남을 수 있게 된다'는 말이라고 하겠다.

　'치망설존'이란 단어를 자칫 잘못 해석하면 패기 있는 직장인들에게는 좀 씁쓸한 말이 될 수도 있겠으나 이는 노자(老子)의 『도덕경』(道德經)에 나오는 '부드러움이 딱딱함을 이긴다'는 '유능제강(柔能制剛)'과도 같은 깊은 뜻으로 세상사는 지혜의 전부라고도 할 수 있다.

필자 자신도 이 같은 치망설존의 자구적 의미에 대해선 본능적으로 거부하는 DNA인자를 비교적 많이 갖고 있다. 따라서 이 시대를 살아가는 조직원들과 직장인들에게 치망설존을 권하는 것이 아니라 대부분의 민초(民草)들이 날마다 출근하는 직장이란 현실의 한 모습을 이야기하고자 하는 것이다.

물론 똑똑하고 강한 자가 부드러움을 더한다면 치망설존의 극치(極致)로 더할 나위 없을 것이다.

쑥스러운 이야기지만 필자도 한 회사에서 줄곧 29년 동안 근무하면서 남보다 일찍 전체 인력 1%내의 핵심 인재에도 들어갔지만 최고 인사권자의 결정이라고 하더라도 조직의 발전과 양심에 기준해 '아닌 것은 아니라'고 감히 'NO'라고 말하는 강한 충직성이 CEO의 변질된 리더십과 자주 충돌해 여러 번 어려움을 겪었다.

이로 인해 초급 사원 때에도 일정한 입사 연수가 되면 다 받는 차장 직급을 몇 년 후배들과 같이 달았는가 하면 상무대우와 국장급 이상의 주요 보직 간부를 하다가도 세 차례나 평직원으로 강등됐는가 하면 한 번의 해직과 두 번의 정직 인사발령을 받는 등 직장인으로서는 매우 등락이 심하고 우여곡절(迂餘曲折)이 많은 직장생활 경험을 갖고 있다.

또 이제는 딱지가 어느 정도 굳은 상처라서 건들고 싶지 않은 이야기지만 한때 회사업무로 충돌을 빚은 관계자가 수세에 몰리자 나를 엮기 위해 허위로 고소를 했으나 나는 절대 그런 사실이 없기 때문에 내 마음과 진실과 정의만을 믿고 변호사도 없이 대법원까지 갔으나 결국 수십만 원의 벌금형이 나와 너무

나도 억울한 나머지 벌금납부를 거부하고 노역형을 자진해 며칠 동안 구치소 생활을 한 적도 있다.

그해 12월 그 추운 겨울, 모포 한 장으로 불면의 밤을 보내면서 "때리는 시어머니 보다 말리는 시누이가 더 밉다" 듯이 무고(誣告)를 자행한 바리새파 Pharisee 목사와 장로들에 대한 분노·원망보다도 지역 토호(土豪)들과 한패거리가 된 검찰에 대한 개혁과 사법정의의 필요성을 절실히 깨달았다.

이렇게 깊이 묻어뒀던 이야기까지 꺼낸 것은 필자 본인도 가능하면 웬만한 것은 그냥 넘어가지만 사안에 따라 설사 내게 손해가 되고 위협이 오더라도 상식과 양심, 신앙에 비춰볼 때 도저히 아닌 것은 분명히 '아니다' 라고 밝히는 등 누구보다 원칙을 중요시하고 자존감이 높은 편인데도 본인의 인생 경험상 강한 것이 정답이 아니고 더 나아가 그 강함을 뛰어넘는 치망설존(齒亡舌存)의 부드러움이 필요하다는 것을 역설적으로 강조하고 싶은 것이다.

아무쪼록 졸저(拙著)지만 한 시대를 같이 호흡하며 살아가는 직장인들이 보잘 것 없는 이 책을 타산지석(他山之石)으로 삼아 저와 같은 시행착오와 아픔을 덜 겪고도 조직에서 자신의 뜻을 펴면서 오래 살아남는 데 조금이나마 도움이 되길 간절히 바라는 마음이다.

2016년 7월
목동에서 김승동 올림

1장

리더십

리더십 공급 과잉시대:
사람은 책을 만들고 책은 리더를 만든다

시대를 막론하고 많은 사람들이 리더가 되고 싶어 한다. 리더라는 자리가 좋은 것만이 아니라 어렵고 힘들더라도 리더가 되고 싶어 한다.

리더이든 리더가 아니든 사람은 리더십에 대한 해답을 찾고 싶어 하고 때로는 옆에 놓고 볼 수 있는 리더십 교본을 필요로 하기도 한다.

국내에서 가장 큰 대형 서점에 가서 리더십이란 단어를 검색하면 국내도서 2천7백여 권과 외국도서 1만5천여 권 포함 모두 4만6천 개 넘게 나온다.

또 전 세계의 책을 한 자리에서 살펴 볼 수 있는 세계 최대의 인터넷 서점인 아마존 닷컴www.amazon.com에서 리더십Leadership이란 단어를 입력해 보면

24만 개 넘게 검색되는 데 지구촌에 있는 리더십 관련 서적이 매우 엄청나다는 것을 알 수 있다.

세상에는 왜 이렇게 리더십 관련 책이 많을까?

지구촌의 수많은 사람들이 지금의 자기 리더를 비교, 평가하기도 하고 자신도 리더가 되면 어떻게 해 보겠다는 도전적인 목표를 가지고 서점을 찾기 때문이 아닐까 생각된다.

때로는 그 교본들이 제시하는 원칙들이 현실에서는 잘 통하지 않는다는 것을 알게 되면서 오히려 그대로 따라 하지 못하는 자신의 모습을 보며 자책감과 콤플렉스에 빠지기까지 한다.

특히 지금도 수만 명의 우수한 인재들이 국내·외 전문기관에서 체계적인 리더십 학습에 열을 올리고 있는 데 지금 우리는 풍부함을 넘어 넘쳐나는 리더십 공급 과잉시대에 살고 있다.

그럼에도 불구하고 왜 리더십에 대한 갈증과 욕구는 해소되지 못하고 있는 것일까?

리더는 자기가 가는 길이 올바른지 항상 날카로운 눈으로 자기를 돌아보아야 한다. 그 방법의 하나는 스스로 돌아보는 자기 성찰이고 또 하나는 책이나 다른 사람을 통해 자신을 비춰봐야 한다.

특히 "사람은 책을 만들고, 책은 사람을 만든다"는 말이 있듯이 리더십 책은 사람이 만들지만 그 책이 다시 사람을 길러내고 리더를 만들기 때문이다.

이것이 리더십 관련 인쇄물의 홍수 속에서도 리더십에 대한 부단한 연구와 그 결과물이 필요하고 앞으로도 계속 쏟아져 나와야 할 이유이리라.

리더란?
누구나 리더를 할 수 있지만
아무나 리더가 되어서는 안 된다

흔히 사람들은 리더는 '이렇다 저렇다' '이러해야 한다 저러해야 한다' 는 등 각자 자기만의 '리더십 상(想)'을 갖고 리더를 이야기 한다.

모두 맞는 말이기도 하다.

"리더란 어떤 조직이나 단체에서 정한 목표의 달성이나 방향에 따라 조직을 이끌어 가는 중심적인 위치에 있는 사람"을 일컫는 것이 사전적 정의이다.

리더는 국가의 정치지도자나 유명 기업의 최고경영자만을 지칭하는 것은 아니다. 직장이나 단체의 간부뿐만 아니라 집안에서 동생보다 나이가 한두 살 더 많은 형과 누나들도 동생의 리더이고 가정을 꾸린 모든 부모들도 자녀들의 리더다.

경영학의 아버지로 추앙받는 피터 드러커Peter Drucker는 "조직의 임원이 곧 리더라고는 생각하지 않는다"고 했다. 드러커는 "리더는 직위에 상관없이 다른 사람을 리드할 수 있는지가 중요하다"고 했다. 즉 '리더는 직위가 아닌 역할'이라고 정의한 것이다.

설사 그럴듯한 지위가 없고 말이 없는 사람이라도 그의 행위와 업무 성과로 인해 모든 이들이 목표에 접근할 수 있도록 한다면 그는 그 업무의 훌륭한 리더인 것이다.

그런 의미에서 우리는 각 사람 앞에 놓인 인생의 바다를 항해하는 자로 누구나 모두 크든 작든 각자의 배를 인도해 나가는 리더라고 할 수 있다.

각자 나름대로의 리더십으로 자신의 인생을 꾸려가고 있으며 인생을 항해하는 다른 배들에게도 영향을 줄 수 있는 최소한의 영역을 가지고 있기 때문이다.

한마디로 누구나 리더가 될 수 있고 동네 골목대장부터 조직이나 단체의 활동을 주도하는 위치에 있는 모든 사람을 리더라고 말할 수 있다.

또한 세상에는 다양한 타입의 리더가 있다. 한 눈에 압도하는 카리스마를 가진 리더도 있고 내성적인 리더도 있고 큰 소리를 외치며 자신을 따르라는 리더도 있고 전혀 말도 없이 차분하게 사람들을 이끄는 리더도 있다.

이처럼 리더십에는 꼭 이것이 제일 좋은 것이고 훌륭하다고 할 만한 전형적인 타입은 없다고 하겠다. 단지 리더로서 역할만 잘 수행할 수 있다면 그것으로 충분하다.

리더도 알고 보면 대개 평범한 사람이고 우리와 똑같은 사람이다. 역사 속의 모든 리더들도 처음부터 대단히 멋지고 훌륭한 리더는 아니었다.

인간은 각자 나름대로 리더십 DNA를 갖고 태어나기 때문에 누구나 준비하고 노력하면 어느 정도 리더로 성장할 수 있다고 본다. 특히 자질이 좀 남다른 사람이 리더로서 교육·훈련을 받고 경험을 축적해 나가면 리더십 DNA가 더 빨리 세포분열을 통한 성장을 하면서 훌륭한 리더로 자리매김해 가는 것이다.

그런 의미에서 리더는 누구나 될 수 있다.
너도 되고 나도 된다.

그러나 아무나 리더가 되어서는 안 된다. 기본적으로 리더는 크고 작고 간에 조직과 구성원들에게 영향을 미치는 결정을 내리고 사람을 이끌어 가는 역할을 해야 하기 때문에 리더가 되고자 하는 사람은 나름대로 타고

난 자질과 리더십이 있어야 한다는 주장이 매우 설득력이 있다.

이 문제와 관련해 지난해 2015년 5월 방한한 바 있는 세계 최고의 여론 조사 기관인 갤럽Gallup의 짐 클리프턴Jim Clifton 회장의 발언이 주목되고 시사하는 바가 매우 크다.

갤럽의 최고 경영자를 27년째 맡고 있는 짐 클리프턴 회장은 "흔히 이야기 되고 있는 '기업가는 교육을 통해 길러낼 수 있고 리더십은 만들어지는 것이다' 라는 통념은 옳지 않다"고 말했다.

이는 갤럽이 어떤 사람이 기업가가 되는지를 알아보기 위해 5만 명을 인터뷰하고 또한 빅 데이터Big Data를 분석해 나온 결과물로서 "기업가와 리더는 길러지는게 아니라 자질이 문제"라고 짐 클리프턴 회장은 강조했다.

짐 클리프턴 회장이 전하고자 하는 말의 요체(要諦)는 '교육과 훈련을 통해 리더십을 양성하는 데에는 한계가 있다' 는 지적이다.

세계 최대 IT 기업 구글Google의 인사를 10년 이상 맡고 있는 라즐로 복 Laszlo Bock 인사담당 부사장도 "평균적인 사람을 교육으로 탁월하게 키우는 것은 불가능에 가깝다"고 말했다.

구글은 "교육을 통한 인력 양성에는 한계가 있다고 판단하고 훈련 부서를 따로 두지 않는다. 직원들이 배우고 싶으면 직원들이 알아서 조직해서 배우고 회사는 그것을 지원할 뿐"이라고 한다. 다시 말하면 인재와 리더십 양성이 교육·훈련을 통해서는 한계가 있다는 것이다.

따라서 아무나 리더가 되어서는 안 된다.

리더는 남들보다 타고난 자질이 있는 사람을 잘 선발해 부족한 부분을 교육과 훈련으로 보강해 나가는 것이 리더십 양성의 바른 길이라고 본다.

결론적으로 제대로 된 조직이라면 리더의 역할이 너무 크고 중요하기 때문에 누구나 리더가 될 수도 있지만 아무나 리더가 돼서는 안 된다. 따라서 어느 조직이든 리더를 뽑을 때에는 정말 신중해야 하는 것이다.

리더의 힘:
유능한 리더는 권위로 다스리고
무능한 리더는 권력으로 통제한다

리더가 되면 바로 갖게 되는 것이 바로 '권한과 책임' 이다. 조직을 이끌고 가기 위해서는 여러 조직원을 하나로 통합시켜 앞으로 나아가게 하는 권한이 필요하고 그 권한을 사용함에 있어서는 반드시 책임이 뒤 따르게 된다. 권한이 클수록 책임도 커진다.

'권한(權限)' 은 타인을 위하여 일정한 법률효과를 발생시킬 수 있는 자격으로 '권위와 권력' 이라는 양날의 칼을 갖고 있다.

'권위(權威)' 는 제도, 이념, 인격, 지위 등이 그 가치의 우위성을 공인시키는 능력 또는 위력이라고 정의할 수 있다.

권위는 권한의 순기능적 의미로서 영향력(影響力)과 같은 맥락이다. 그러나 권한이 나쁜 방향으로 가면 남을 지배하여 복종시키는 힘이 되는 역기능의 '권력(權力)'이 된다.

따라서 권력과 권위는 많이 다르다.

흔히 권력은 위로부터 행사하는 것이지만 권위는 아래로부터 부여된다고 한다. 권력은 직책에서 나오지만 권위는 능력과 인품에서 나온다. 권력은 복종을 이끌어내지만 권위는 존경심과 자발적 참여를 이끌어낸다.

그러므로 리더십 없는 권력은 존재할 수 있어도 리더십 없는 권위는 존재할 수 없다. 부정적인 의미의 '권위주의(權威主義)'란 권력만 있고 권위가 없는 지도자가 힘으로 그 결함을 메꾸려고 할 때 나타나는 현상이다. 따라서 권위주의는 가급적 멀리 해야 하나 권위는 있어야 바람직하다.

대개 많은 조직에서 무능한 간부일수록 리더십보다는 자신의 직위나 조직의 규율에 의존해 권력으로 조직을 엄히 통제하고 유능한 리더는 권위로 부하들을 다스리는 것을 볼 수 있는데 조직의 목표와 비전을 실현하기 위해 리더는 '권위와 권력' 중 어느 권한을 어떻게 행사해야 할지 많이 생각하고 잘 선택해야 한다.

어떻게 하면 권위있는 리더가 될 수 있을까?
권위있는 리더가 되는 가장 기본적인 방법은 능력있는 리더가 되는 것이다.

④

리더의 핵심 역할

(1) 리더는 연날리기의 고수 같아야:
CEO는 일을 하는 사람이 아니라 역할을 나눠주는 사람

누구나 한번쯤은 연(鳶)을 날려 봤거나 구경이라도 했을 텐데 리더십을 연날리기와 연관해 생각해보면 조직 구성원은 연이고 리더는 얼레잡이 같다고 할 수 있다.

연은 바람을 잘 타야 하늘을 날수 있다. 연이 불어오는 바람을 가슴에 안으면 하늘 높이 뜨게 되고 바람을 등지는 순간 이내 곤두박질치며 땅으로 추락하게 된다.

따라서 조직원인 연이 바람을 타고 얼마나 높이 날아가느냐는 리더의 손에 달려있다. 리더의 손에 튼튼한 얼레가 있어 모든 것을 리더인 얼레잡

이의 손에서 통제할 수 있기 때문이다.

연이 높이 날아오르면 얼레잡이는 마냥 기쁘다. 그러나 얼레잡이는 자기 손에 얼레가 있다고 해서 확 풀어 주거나 잡아당기기만 해서는 안 된다. 연을 잘 띄우기 위해선 얼레를 조금씩 풀어주고 당겨야 한다. 바람과 위험물에 따라 놓아주기도 하고 당기기를 해야 한다.

얼레잡이인 리더는 예의 주시를 하다가 부하직원의 능력이 좀 부족하면 연줄을 당겨야 하고 부하직원의 능력이 넘쳐나면 연줄을 좀 느슨하게 놓아줘야 한다. 리더는 과업의 중요도와 구성원의 능력을 고려해 적절하게 개입하기도 하고 위임해 주는 노력을 끊임없이 계속해야 하는 것이다. 그래야 연은 높이 또 멀리 날아가고 연놀이를 구경하는 이들도 재미가 있는 것이다.

또 연놀이가 즐겁게 되기 위해서는 '연은 얼레 가진 자만의 것이 아니라 옆에서 쳐다보고 응원하는 이들의 것도 돼야' 한다. 바람은 강하게 부는데 얼레잡은 자가 연이 자기 것이라고 마냥 잡아당기기만 하면 줄이 끊어지거나 곤두박질치기 쉽다.

결국 연날리기는 연과 얼레잡은 자, 바람, 그리고 구경꾼들과의 일체감이 있어야 연이 잘 뜨고 놀이가 재미있게 된다. 뛰어난 리더는 연을 만드는 기술자가 아닌 연날리기의 고수(高手) 같아야 한다. 연날리기 놀이가 리더의 역할과 권한을 나눠주는 권한이양(權限移讓) 연습 같기도 하기 때문이다.

역할과 권한을 나눠줄 때 직원들의 주인의식이 생기고 주인의식이 형성된 조직은 불만과 비판보다는 솔선수범으로 책무를 다하고 해결책을 만들어 내며 조직을 발전시키게 된다. 그러한 주인의식으로 일할 때 일은 고역(苦役)이 아니라 재미와 놀이가 되는 것이다.

어떤 의미에서
CEO는 일을 하는 사람이 아니라 역할을 나눠주는 사람이다.

(2) 리더십은 비전을 제시해야 : 비전은 월급봉투 이상의 힘이 있다

리더십이란 '공동의 이익을 위해 설정된 목표를 향해 매진할 수 있도록 구성원들에게 영향력을 발휘하는 기술'로 요약될 수 있다.

이런 의미에서 리더십의 핵심은 무엇보다도 조직의 비전^{vision}을 제시하는 데 있다고 하겠다. 공동의 이익과 목표를 향해 조직이 나아가야 할 방향을 제시해야 하는 것이 리더의 기본 자질인 것이다.

흔히 리더의 역할을 선장의 역할과 비유하기도 하는 데 선장도 그렇고 리더의 역할 중 가장 중요한 것은 방향과 목표 설정이다. 바람과 파도 등

배와 선장을 둘러싼 환경이 늘 변하듯 리더에게도 주어진 상황은 시시각각으로 변하는데 리더는 이 변화하는 상황들을 종합적으로 잘 판단해 조직의 동력이라는 엔진을 가동시켜 목표한 항구까지 가장 안전하게 효율적으로 항해해 도착하는 것이다.

비전이 강력한 영향력을 발휘하는 것은 그 비전을 통해 자기를 성장시키고 자신의 꿈을 이루려는 구성원들의 의지가 결부되기 때문이다.

따라서 어떤 조직을 끌고 가려는 리더는 혼자 일하려 들지 말고 조직원들에게 꿈을 심어주는 비전 제시 능력을 반드시 가져야 한다. 그야말로 '비전은 월급봉투 이상의 힘'을 가지고 있기 때문이다.

리더는 그 꿈들을 조직의 비전으로 바꾸고 구체화시키고 그것을 통해서 조직원들에게 동기를 부여하고 어떻게 실천할 수 있는지 그 현실적인 방법을 제시하는 게 필요하다. 그러기에 '리더를 꿈꾸는 자Dreamer, Visionary'라고도 말한다.

『어린왕자』의 작가 쌩떽쥐뻬리Saint-Exupéry는 "당신이 배를 만들고 싶다면 사람들에게 목재를 가져오게 하고 일을 지시하고 일감을 나눠주는 일을 하지 마라. 대신 그들에게 저 넓고 끝없는 바다를 향한 동경심을 먼저 키워 줘라"고 했다.

이 말에 의아해 할 사람들이 있을 것이나 리더십과 관련해 곰곰이 생각해보면 정말 멋있고 참으로 와 닿는 말이 아닌가 생각된다.

미국에서 가장 영향력 있는 목사로 평가받는 윌로우 크릭^Willow Creek 교회의 빌 하이벨스^Bill Hybels 목사는 "비전이야말로 리더의 무기고에 있는 가장 강력한 무기다"라고 말했다.

현대 리더십 이론을 정립했다는 평가를 받는 워렌 베니스^Warren Bennis 박사도 그의 저서 『리더스』^Leaders 에서 리더십을 "설득력 있는 비전을 제시하고 이를 현실로 변화시키는 능력"이라고 정의했다.

1815년부터 100년 동안 세계 최대 은행이었고 그 후에도 150여 년간 더 전세계 '금융자본을 지배하고 있는 로스차일드^Rothschild 가문의 최고경영자 아리안 드 로스차일드 여사도 지난 5월 19일 한국 방문 중 가진 언론 인터뷰에서 "기업의 비전이 곧 경쟁력이다"며 비전의 중요성을 강조했다.

리더는 조직이 어디로 가야 하는가?에 대한 답을 하고 방향성을 제시하는 것이 권리이자 의무인 것이다.

'직원은 오늘을 책임지지만 임원이나 CEO는 조직의 내일과 미래를 책임져야 하기 때문'이다.

(3) 리더는 실적으로 말해야 : 리더십의 궁극적 지향점은 조직의 성과 창출

비전 제시도 중요하지만 리더십의 궁극적 지향점은 조직의 성과 창출이다.

리더가 목표를 위해 구성원의 마음을 하나로 합하고 구성원에게 동기를 부여하는 것도 결국 성과를 창출하기 위한 방안의 하나다.

그럼에도 불구하고 간혹 어떤 리더는 교과서적 리더의 역할에 너무 몰입한 나머지 성과 창출은 뒷전으로 미룬 채 훌륭한 인격자요 거룩한 성자(聖子)인 것처럼 행동하는 사람도 있다.

그러나 아무리 존경할 만한 성품을 가졌다고 한들 조지이 요구하는 성과를 창출히지 못하면 리더는 그 조직에서 인정받을 수 없고 필요하지도 않다.

설사 인기투표에서 1등을 하고 많은 직원들이 리더를 따르고 의지하더라도 성과와 실적이 없다면 그 조직은 오래 가지 못하고 그 리더도 결국 그 조직에서 오래 생존하지 못한다.

물론 리더가 조직원으로부터 인간적인 인기와 칭찬을 온몸에 받으면서도 성과를 창출하면 더할 나위 없겠으나 당장의 인기와 장기적인 성과 창출은 쉽지 않거나 이율배반적(二律背反的)이어서 기대하기 어렵다.

따라서 모든 리더들의 목표와 역할은 멋지고 관대하며 인정이 많은 리더가 되는 것이 아니라 조직의 목표를 달성하고 성과를 창출하는 리더가 되어야 한다.

또 조직의 지속성장을 위한 장기적 사업을 추진하기보다 당장 인기있고 주목받는 일을 하고 싶은 유혹을 견뎌내야 하는 것도 리더의 몫이다.

이와 관련해 "유능한 리더는 사랑받고 칭찬받는 사람이 아니다. 그는 그를 따르는 사람들이 올바른 일을 하도록 하는 사람이며 '리더십은 성과다'"라고 말한 피터 드러커의 말은 상징하는 의미가 매우 크다고 하겠다.

물론 성과와 실적은 꼭 보험회사가 사무실 벽면마다 월간 매출 목표 그래프를 그려놓고 목표 달성을 독려하는 것과 같이 수치로 계량화하거나 금전적인 것만이 아니라 사회적 선(善)한 영향력을 일으키고 도덕적 수준의 향상으로 조직의 명성과 가치를 높이는 등 해당 조직의 발전에 기여하는 모든 유·무형의 결과를 망라한다고 하겠다.

특히 그 성과도 리더 자신의 재임기간 중 단기적 평가 보다는 조직의 지속 성장을 위해 미래 투자에 게을리 하지 않는 장기적 관점에서 좋은 평가를 얻어야 하는 것이 매우 바람직하다고 본다.

그러나 전임 CEO들과는 달리 자신의 재임 중에는 매년 흑자(黑字)를 내었다는 기록을 남기려는 야심으로 조직의 미래를 위한 투자는 외면한 채 무조건 지출을 줄이는 방안으로 항상 조직을 쥐어짜는 CEO가 있다면, 직원들이 산적한 업무 때문에 사용하지 못한 연차휴가 미사용 분조차 돈으로 지급하기 아까워서 '연차수당 반납'을 강요하는 CEO가 있다면? 더 나아가 쥐꼬리만한 간부들의 '보직 활동비'까지 삭감하면서까지 흑자를 기록하려는 CEO는 더 이상 그 조직의 리더이기를 그만두어야 마땅할 것이고 퇴임 후에도 어디 가서 자신이 리더를 했다고 말해선 안 될 것이다.

CEO가 숫자만 보고 경영을 하는 것은 마치 테니스 선수가 앞을 보지 않고 점수판만 보고 경기를 하는 것과 같다고도 할 수 있기 때문이다.

(4) 리더는 후계자를 양성해야: 후계자를 세우지 못하면 실패한 CEO

조직의 가장 큰 위기는 언제 올까?

환율의 급락이 심할 때, 유가가 천정부지로 뛸 때, 주가가 폭락할 때, 성장엔진을 잃을 때 등등 모두 다 위기가 될 수 있다.

그러나 조직의 가장 큰 위기는 준비되지 않는 부적합한 인물이 리더로 올라가는 경우일 것이다.

실제로 정치권의 정권이양도 그렇고 많은 조직의 위기는 CEO 교체시에 발생하는데 후임자가 전임자와 대립하거나 전임자에 비해 능력과 역량이 부족할 때 발생한다.

이로 인해 새 CEO를 맞아 조직이 새롭게 달라지고 발전하기는커녕 전임자가 애써 쌓아놓은 성과를 하루아침에 다 까먹는가 하면 때로는 조직의 존망여부가 현안으로 떠오르기도 하기 때문이다.

나라 안팎으로 어려움을 겪고 있는 기업 중에 후계자 양성에 실패한 회사가 많다는 것을 눈여겨 볼만하다.

물론 그 조직의 대표가 꼭 CEO 능력과 자질이 원래부터 형편없다는 것이 아니라 설사 다른 부문은 잘 했더라도 자기 뒤를 이어 그 조직을 지속 성장시켜 나가야 할 후계자 준비를 제대로 못함으로써 오늘날의 위기를 초래했다는 것이다.

체계적이고 다양한 육성과정과 검증을 통해 선발된 리더는 기업의 경쟁력을 더욱더 향상 발전시켜 기업과 조직의 수명을 연장시키는 역할을 한다.

이런 의미에서 리더가 조금이라도 소홀이 해서는 안 될 핵심과제와 역할은 무엇보다도 후계자 양성이다.

따라서 기본적으로 최고 리더는 자기가 속한 기업과 조직의 지속 성장과 더 나은 발전을 위해 적합한 인재를 발굴·훈련·성장시키는 후계자를 선발해 그로 하여금 자기 자리를 채우도록 해야 한다.

또한 그 하위의 각 포지션에 있는 리더들도 같은 방법으로 그 자리의 후임 보직자들을 키워나가야 한다.

만약 리더가 자기 자리를 이어받을 후계자나 후임을 키우지 못했다면 그가 아무리 재임기간 내내 흑자를 기록하는 등의 괄목(刮目)할 만한 경영 실적을 냈다고 하더라도 감히 그를 '실패한 리더'로 진단해도 될 것이다.

왜냐하면 이는 리더가 자기 자리를 오래 유지하기 위해 자기를 위협할 정도의 도전자가 나타나지 않길 내심 바라거나 후임자를 키웠다가 자칫하면 '호랑이 새끼를 키우는 격'이 될까 봐 후임자를 키우는데 인색하거나 후임자를 고의적으로 키우지 않은데에 따른 결과로 봐도 되기 때문이다.

이는 결국 리더가 자신의 이익을 도모하기 위해 조직의 발전을 저해했다고 봐야 할 것이다.

제대로 된 경영자라면 자신이 물러난 뒤에도 그 조직이 지속적으로 발전할 수 있도록 평소부터 훌륭한 후계자를 양성해야 하는 것이다. 따라서 적합한 후계자를 세우지 못한 CEO라면 자신이 경영에서 성공했다는 말을 절대 해서는 안 된다.

특히 임기 3년짜리 사장을 뽑는 조그만 회사에 후보자가 10명이나 무더기로 선거에 나서도록 한 회사가 있다면 그 CEO는 후임자를 기르지 못한 잘못과 책임이 매우 크다고 본다.

후계자 양성의 성공적 대표 사례는 단연코 GE^{General Electric Company}이다.

발명왕 토마스 에디슨^{Thomas A. Edison}이 만든 전기 조명회사와 합병해 출발한 GE가 창업 130년 가까이 지속성장을 하면서 가장 영향력 있는 세계적 기업의 자리매김을 하고 있는 것도 바로 후계자를 주먹구구식으로 뽑지 않고 철저하게 선발해서 훈련시켰기 때문이다.

GE의 후계자 양성 프로그램은 간단하다. 우선 직원 중에서 키울 사람은 별도의 트랙을 만들어 집중 관리한다. 리더십 프로그램도 각 단계별로 될성부른 사람만 골라 보내고 이들에게 도전적인 과제를 주어 자꾸 성장할 기회를 제공해 자질을 키우고 양성하는 것이다.

보직자는 매출 신장이나 아무리 다른 일을 잘 했더라도 적합한 자기 후임자를 키워내지 못하면 인사고과에서 좋은 평점을 받지 못하게 돼 있다. 또 불의의 사고 발생으로 언제라도 그 자리의 인사를 하더라도 아무 문제 없이 인사를 할 수 있도록 자기 후임자를 상시적으로 키워야 하는 것이다.

이러한 엄정한 인사방식에 따라 '잭 웰치$^{Jack\ Welch}$' 회장이 선발돼 20년 동안 전설적인 회장을 했고 또 후임자인 '제프리 이멜트$^{Jeffrey\ Immelt}$' 현 회장이 경마(競馬)식의 치열한 내부 경쟁과 검증을 거쳐 2001년에 CEO에 취임해 벌써 16년째 오늘날의 GE를 지속성장 시키고 있는 것이다.

국가 지도자를 길러내는데 20년 정도를 준비하는 중국 정부의 후계자 육성 방안도 주목할 만하다.

중국은 공산당 권위주의 체제로 200여 명으로 구성된 공산당의 중앙위원회와 후보위원들이 당 권력의 핵심인데 이 공산당 중앙위원회와 후보위원 소속 여부에 따라 중국 정치권 내의 권력 무게와 향방이 달라진다.

후진타오 전 국가주석이 40세에 공산당 중앙위 후보위원으로 선출되면서 중앙권력에 이름을 올린 후 20년 정도 여러 경험을 쌓고 수업을 받은 후 62세에 국가 주석에 올랐고 지금의 시진 핑(習近平), $^{Xi\ Jinping}$ 국가 주석도 44세에 당 중앙위 후보위원이 돼 푸젠 성, 저장 성, 상하이 등을 돌며 국가 지도자로 필요한 역량을 강화한 후 지난 2013년에야 61세로 중국 최고 지도자에 등극한 것이다.

중국의 이같은 지도자 양성 시스템이 주목되는 이유는 덩샤오핑(鄧小平), $^{Deng\ Xiaoping}$의 도광양회(韜光養晦)와 후진타오(胡錦濤), $^{Hu\ Jintao}$의 화평굴기(和平崛起)를 넘어 이제는 시진핑이 주동작위(主動作爲)의 역할을 구사하며 당당하게 세계 2대 강대국 G2 위상을 누리고 있는 중국의 또 다른 20년 후를 내다 볼 수 있는 예측 가능성 때문이다.

(5) 리더는 솔선수범 해야: 리더십은 모범을 보이는 것

대체로 조직원들에게 싫어하는 리더 형(形)에 대한 설문조사를 하면 항상 상위에 나타나는 유형이 '말 따로 행동 따로'인 리더이다.

언행일치(言行一致)가 안 되는 사람은 일단 조직원들에게 신뢰를 받을 수 없다. 즉 리더십이 부족한 것이다.

따라서 리더는 입이 아니라 일관된 행동과 진심으로 직원들을 대해야 부하 직원도 리더를 믿고 존중하게 된다.

어떤 CEO가 직원들에게 '종업원 여러분이 모두 우리 회사의 주인입니다. 우리 회사의 첫 번째 고객은 여러분입니다'라고 외치면서도 행동은 직원을 마치 기계의 부속품처럼 취급하는 몰(沒)인격적인 모습을 보인다면 직원들이 그런 경영자를 진심으로 존중하겠는가? 또 그 회사의 생산성이 높아지겠느냐?

또 회사 법인카드를 갖고 판공비를 지출하다가 보면 혹시 비싼 술집이

라든지 가지 말아야 되는 곳에 가는 것을 노동조합이나 조직이 아는 것을 피하기 위해 CEO 자신은 카드대신 매달 거액의 판공비를 직접 현금으로 받아 사용하면서도 얼마 되지도 않는 간부들의 판공비는 반드시 카드를 통해 사용하도록 하고 때로는 그 사용내역까지 들여다보는 사장이라면 무슨 영(令)이 서겠는가?

특히 '바르고 깨끗한 사회를 만드는 회사'라고 소리 높이 외치면서도 매출을 높인다는 이유로 탈세를 조장, 방조하고 은밀하게 그 전리품(戰利品)을 나눠 챙기는 CEO라면 무슨 리더십이 있겠는가?

이는 선생이 학생들에게 '나는 바담 풍을 하더라도 너는 바람 풍을 해라'고 가르치는 것과 같고 도둑질을 하는 아버지가 아들에게 '너는 도둑질을 하지 마라'는 말과 마찬가지다.

가르침은 말과 행동이 일치해야 전달력이 있고 말보다는 행동으로 보여주는 것이 의사 전달과 설득에 더욱 효과적인 것이다.

마치 초콜릿을 팔기 위해서는 '이 초콜릿은 아주 맛이 좋아'라고 말로 하기보다는 초콜릿을 맛있게 먹는 모습을 보여주는 것이 '나도 저 초콜릿을 먹고 싶다'는 생각을 훨씬 강하게 불러일으키는 것과 같다.

또 자녀를 키우다 보면 어떻게 하면 자녀들에게 책 읽는 습관을 만들어

줄 수 있을까? 하는 것이 많은 학부모들의 고민인데 가장 좋은 방법은 부모가 먼저 독서하는 모습을 보여주며 책 읽기 좋은 독서 환경을 만들어 주는 것이다.

이순신 장군과 명량대첩(鳴梁大捷)은 우리에게 너무나 잘 알려진 이야기이고 그다지 새로울 것도 없는 이야기임에도 불구하고 2014년에 영화 '명량'이 국민 10명 중 4명이 관람하는 사상초유의 신드롬^{syndrome}을 불러일으킨 이유는 무엇일까? 그것은 바로 리더십 문제로 온 나라가 어수선한 가운데 이순신 장군이 보여준 '살신성인(殺身成仁)의 리더십'에 있다.

이순신 장군은
말보다는 몸소 실천으로 부하를 움직인 리더였기 때문이다.

명량대첩이 일어난 1597년 9월의 그날 진도 앞바다에 왜군 전함 330척이 울돌목 해협을 새까맣게 덮은 가운데 기껏 12척으로 출전한 조선 수군들은 장수들조차 왜군의 위세에 눌려 극심한 공포를 느끼고 겁에 질려 감히 싸울 용기도 내지 못한 채 뒤에 물러서 있기만 했다.

그러나 이순신 장군이 탄 함선 한 척이 앞으로 나가 '필생즉사(必生卽死), 사즉필생(死卽必生)'의 각오로 홀로 왜군에 맞서 싸우면서 전세(戰勢)는 달라졌다. 누군들 죽음이 두렵지 않겠느냐마는 죽음을 각오한 이순신 장군의 솔선수범(率先垂範)의 모습에 다른 전함의 장수들과 병사들의 사기가 높아지고 함께 나가 싸울 자신감과 용기를 얻게 되면서 결국 역사적인 승리를 기록하게 된 것이다.

미국 자동차 클라이슬러Chrysler 회장을 지낸 아이아코카Lee Iacocca는 "리더는 위대한 종이고 리더는 윗사람인 동시에 친구이며, 리더십이란 모범을 보이는 것이다"라고 말했다.

대개 솔선수범을 하면 마치 손해를 보거나 희생을 하는 것으로 생각하는데 솔선수범은 결코 희생이 아니다. 희생은 손해가 있어야 하지만 솔선수범은 손해가 없기 때문이다. 솔선수범은 오히려 이익을 얻는 행위이다.

리더의 솔선수범은 부하 직원의 행동을 변화시키고 결국 조직의 비전을 달성할 수 있으며 궁극적으로 리더의 이익으로 돌아오기 때문이다.

솔선수범은 리더십의 핵심역량으로 부하직원의 마음을 움직일 수 있는 가장 강력한 무기이다.

(6) 리더는 책임질 줄 알아야: 리더는 사람을 버리지 않아야

일반적으로 제대로 된 리더는 자신이 지휘하거나 자신을 따르는 사람들에게 '마음껏 한번 해 보세요. 책임은 내가 질테니까. 혹시 모르는 것이

나 어려운 일이 있으면 내게 묻고…' 라며 조직원들의 디딤돌과 버팀목이 되어 주는 사람이다. 이것이 바로 책임지는 사람이고 진정한 리더의 자세이다.

하지만 요즈음 실상에서는 그런 리더십을 찾아보기가 쉽지 않아서 그런지 현대인들이 영화 속 이야기에 더 목말라 하는 것 같다.

그 예로 들고 싶은 영화가 '라이언 일병 구하기Saving Private Ryan' 다. 이 영화는 2차 세계대전 당시 한 가정의 형제 넷이 모두 전쟁에 참전해 노르망디 작전에 투입됐는데, 위로 3형제가 모두 전사하자 미군 지휘부는 아들 셋이 전사했다는 통보를 차마 그 부모에게 하지 못하고 고민하다가 급기야 하나 남은 넷째 아들 '라이언 일병마저 죽게 해서는 안 된다' 는 판단을 내리고 막내아들인 "라이언 일병을 집으로 돌려보내라"는 특명을 내리게 된다.

특명을 받은 특수부대는 본연의 전투 대신 '라이언 일병' 찾기에 나서 치열한 전쟁터를 누비면서 소대장을 비롯해 많은 부대원들이 전사하는 희생을 치른 끝에 결국 '라이언 일병' 을 구해내 무사히 고향으로 돌아가도록 하는 내용의 매우 감흥어린 스토리의 영화다.

'라이언 일병 구하기' 영화는 국민의 재산과 생명을 책임지는 한 국가의 참된 리더십은 어떻게 해야 되는지를 여실히 보여줬다.

영화는 아니지만 '책임지는 리더십'의 또 다른 예를 하나 더 들어보면 '버그달 병장 구하기' 작전이다.

지난 2014년 6월 어느 날 아프가니스탄 동부의 한 평야지대에 트럭 한 대가 주차해 있었고 소총과 로켓포로 중무장한 탈레반들이 긴장 속에 그 트럭을 에워싸고 있었다. 곧 미군 특수부대 헬기 한 대가 날아와 착륙하자 탈레반은 트럭 안에 있던 군인 한 명을 미군에 넘겼고 이 헬기는 그 사람을 태우자마자 착륙한지 1분도 안 돼 이륙했다.

헬기에 옮겨 탄 그 병사는 곧 자기를 인도한 이들이 자신을 구하러 온 자기나라 미군 특수부대라는 것을 알고나서야 만감(萬感)이 교차하는 뜨거운 눈물을 흘렸다.

이 병사는 아프가니스탄의 탈레반에 포로로 잡혀 5년 동안 억류돼 있던 28살의 '보 버그달Bowe Bergdahl' 병장이었다.

그러나 이 영화 같은 미군 포로 구출 작전은 매우 비싼 대가를 치렀다. 미군은 그 대가로 거물급 탈레반 지도자 5명을 내줘야 했기 때문이다. 이들은 모두 미 국방부의 기밀문서에 '매우 위험한 요주의 인물'로 분류돼 쿠바 관타나모Guantanamo 수용소에 수감돼 있던 탈레반의 핵심인물들이었다.

석방된 탈레반은 탈레반 정부 시절 내무장관을 지낸 '키룰라 카이르카', 정보차관 '압둘 하크 와시크', 군 최고 책임자까지 올랐던 '물라 무함마드 파즐', 아프칸 북부지역 주지사를 지냈고 1998년 시아파 8천여 명을 학살한 혐의를 받고 있는 '누룰라 누리', 아프간 동부 지역 책임자였던 '무함마드 나비 오마리' 등 그야말로 '거물급' 인사들이다.

이에 대한 여론조사 결과 오바마 대통령의 협상이 균형을 잃었다는 신랄한 비판과 지적이 비교적 많이 나왔다. 특히 당시 같이 근무했던 동료를 비롯한 퇴역군인협회는 "버그달 병장은 아프가니스탄 복무 당시 탈영했다가 탈레반에 납치된 것이며 특히 이를 수색하는 과정에서 탈레반에 의해 미군 동료들이 여럿 사망했는데도 정부가 지나치게 관대한 처사를 베풀었다"고 맹비난을 퍼붓는 등 이 사태를 바라보는 시각이 일반인보다 훨씬 나빴다.

그러나 대체적인 여론은 어떠한 상황에서도 적지(敵地)에 남은 미군을 미국 정부가 구해야 한다고 답해 "미군 병사를 포로로 남겨두지 않는 게 미국의 의무"라는 오바마 대통령의 원칙에 대체로 동조했다.

1995년 보스니아에서 격추된 미군 조종사 스캇 오그래디Scott O'Grady 대위를 찾기 위한 해병 특공대의 구출 작전도 유명하다. 적진 한복판에 뛰어드는 위험한 작전이었지만 작전 5시간 42분만에 성공했다. 오그래디 대위는 구출 된 직후 "미국이라는 나라는 정말 지구상에서 가장 강한 나라"라고 자랑했다.

우리로서는 정말 꿈에서나 있을 법하고 영화 같은 이야기지만 국가와 정부가 국민에 대한 의무와 책임을 다한다는 것으로 다시 한번 미국이 역시 대단한 국가라는 것을 증명했다.

사람은 누구나 일을 하다가 잘못이나 실수를 할 수도 있다. 일반적으로 부하직원이 실수를 하면 한번쯤은 그냥 지켜본다거나 어깨를 두드려 주면서 '괜찮아 그럴 수도 있지, 다음에 잘 하면 되잖아, 다음에는 실수를 안 하도록 해야지?' 라는 위로의 말로 훈계하는 가르침을 주는 리더가 훌륭한 리더이다.

또 '네가 일을 저질렀으니 네가 처리해라' 는 식의 리더는 그래도 양반이다. 일이 터지면 무조건 중징계를 하거나 일을 조용하게 수습할 수 있는데도 윗선에 고자질하는 식으로 보고한다든지 또 현장의 목소리는 애써 들으려고도 않고 침소봉대(針小棒大)해서 문제를 더 키우는 리더도 있다.

특히 평소에 미운 털이 박힌 직원이 어떤 일을 저지르면 혹시 그 일을 감쪽같이 처리해 사건이 유야무야(有耶無耶) 될까봐 사고 당사자가 사고 처리를 못하도록 서둘러 인사 조치를 하고 직원을 조직에서 매장하는 아주 못된 심성의 나쁜 리더와 나쁜 조직도 있다.

이는 마치 '일을 시키기 위해 지붕위에 사람을 올려놓고 사다리를 치우는 격' 으로 그야말로 적을 죽여야 내가 살아나는 전쟁터에서나 써 먹어야 할 손자병법(孫子兵法)의 비열한 수법이 오늘날 직장에서도 자행되고 있다고 하겠다.

'야신(野神)'으로 평가받고 있는 프로야구 한화 이글스 김성근 감독은 "리더는 사람을 버리지 않는다"고 했다. 이는 리더는 구성원에 대해선 잘나나 못나나 나름대로 장점을 살려 운용하여 끝까지 책임져야 한다는 말이다.

대체로 사람들은 기꺼이 책임지는 리더를 좋아한다. '책임이 리더의 기본 덕목'이기 때문이다.

리더십의 유형:
성공을 담보하는 리더십 모델은 없어

리더십 유형에는 사람과 분류 방법에 따라 각양각색의 형태가 있다.

흔히 아는 카리스마형 리더십과 성과형 리더십에서 부터 민주형 리더십과 비전형 리더십, 코치형 리더십, 감성형 리더십, 변혁형 리더십, 서번트 리더십을 넘어 요즈음은 셀프 리더십까지 등장했다.

리더십은 시대에 따라 또 조직과 상황에 따라 변화하고 달라지는 것이다.

과거에는 리더십이란 어떤 일을 추진할 때 다소 무리가 있더라도 어느 정도의 강제성과 독제성향을 갖고 조직을 이끌어 가는 '카리스마형' 리더십이 최고의 리더십이라고 생각한 것이 일반적이었다.

그 시절에는 어느 나라 할 것 없이 전쟁과 절대빈곤 문제를 해결하는 게 가장 중요했기 때문에 그런 리더십이 요구되고 우선시됐다. 이와 같이 한 때는 특정 리더십 유형이 어느 조직에나 통하는 모범답안처럼 여겨질 때도 있었다.

그러나 이제는 경제발전과 민주화의 진통을 넘어 급격한 기술 진보와 글로벌화 등 세계가 하나의 공동체가 되고 각종 욕구가 통제할 수 없을 정도로 분출되는 복잡다단한 이 시대에는 웰빙wellbeing과 힐링Healing 문제를 해결할 새로운 리더십이 갈구되고 있다.

이런 시대에 제대로 된 리더십을 발휘한다는 것은 어려운 일인 듯하다.

대체로 리더 혼자 앞장서서 조직을 이끌어 가는 독불장군(獨不將軍)형 리더보다는 부하가 성장하고 조직원 스스로가 신바람이 나서 일하도록 동기를 부여해 주는 리더가 각광받는 시대가 됐다.

좋은 리더가 좋은 팔로워를 만드는 것이다.

분명한 것은 이제는 한가지의 리더십 유형만 잘할 수 있는 리더가 아니라 한두 가지 리더십의 장점과 함께 다른 리더십의 장점도 발휘할 수 있는 '무지개 리더십' 즉 여러 가지 리더십의 유형을 두루두루 갖출 수 있는 만능(萬能)형 리더십이 요구되고 있다.

특히 사회가 복잡다난해지고 발전하면서 이제는 리더를 '끌고 가는 자'라고 생각하는 것은 옛날이야기가 돼 버렸다.

리더와 추종자가 구분되는 것도 옛날 생각으로 21세기는 리더와 추종자가 함께 간다고 한다. 그래서 코Co-리더십, 팀Team-리더십, 나누어 갖는 쉐어Share-리더십이라는 용어들도 쓴다. 따라서 리더십 유형도 어느 쪽에 치우쳐 한정될 수 없기 때문에 이 시대에 필요한 리더십이 무엇인지에 대해서 한마디로 정의할 수 없다.

결론적으로 리더십은 유형마다 나름의 강점을 가지고 있다. 다만 동전의 양면처럼 '빛과 그림자'가 존재할 뿐이다.

피터 드러커도 "성공한 리더의 유일무이(唯一無二)한 모델은 더 이상 존재하지 않는다"며 '성공을 담보하는 리더십 모델은 없다'고 주장했다.

리더십의 변질:
권위를 넘어 권력으로

리더의 권한은 변질되기 쉽다. 리더의 권한은 초기에는 순수한 권위의 모습을 띠더라도 목표와 비전을 이루려 하는 과정에서 권력으로 변질되는 경우가 많다.

리더의 권한에 '권력'이라는 바이러스가 침투하면 리더십은 병들게 된다. 권력 바이러스의 활동은 조직과 다른 사람을 자기 의지대로 규제하려 하고 이를 통해 자신의 만족을 찾으려 한다.

대개 리더십이 병들기 전에는 조직이 의견수렴을 통해 수립한 원칙의 합리적 가치를 매우 중요하게 생각하지만 리더가 한 번 권력의 단맛을 깊이 경험하면 이에 도취되어 빠져 나오지를 못한다. 이른바 '권력병'이라는 바이러스에 걸리게 되면 리더 자신이 점점 조직에 없어서는 안 될 위대하고 매우 중요한 존재라는 환상을 키우게 되고 그 결과 한 번 얻은 권력을 가능한 내놓지 않으려고 하는 경향을 갖게 된다.

권력을 잃었을 때의 허탈감을 견딜 수 없기 때문에 권력에 더욱 매달리는 증상을 보이는 것이다.

리더가 권력병이라는 권력 바이러스에 감염된 후 나타나는 주요 특징은 첫째, 무엇보다도 자신감을 넘어 거만해지고 행동이 달라진다. 거만해진 리더는 자신의 생각과 처신은 항상 옳고 당연하다는 생각에 빠지면서 행동이 달라진다.

논쟁이 벌어지면 어떤 리더는 자신이 옳다는 것이 입증될 때까지 자기주장을 멈추지 않는다. 자신의 생각이 옳기 때문에 그에게 반대 의견은 참을 수 없는 모독이며 자신의 명령에 다른 사람이 순종하는 것은 당연하다고 생각한다.

우리 주변에서 벌어지는 흔한 예로 취임 초에는 출, 퇴근시 자가용 문을 직접 열고 타고 내리던 CEO가 어느 정도 시간이 지나면서 비서나 운전사가 문을 늦게 열어 주면 신경질을 부리기도 하고 취임 초에는 해외 출장시 항공권을 이코노믹으로 고집하다가 CEO 습성에 어느 정도 익숙해지게 되면 비즈니스나 퍼스트 클래스 좌석에 앉는 것을 당연하게 생각하는 것을 볼 수 있다.

둘째, 조직의 힘을 리더 자신의 개인 소유로 활용하는 증상이 나타난다. 루이 14세의 "짐이 곧 국가"라는 말처럼 '리더가 곧 회사' 고 '자신이 곧 회사' 라는 등식을 성립시킨다. 우리 주위를 보면 '하늘의 태양도 달도 자신을 중심으로 돌고 있다' 고 생각하는 리더들도 가끔 있다. 이 정도면 '권력병' 증세가 매우 심각해진 것으로 이미 그 조직의 독재자가 된 것이다.

리더의 독재가 시작되면서 조직원의 희생은 당연한 것이고 조직의 목표와 비전은 자신의 권력을 빛내주는 조명과 소품에 불과하게 된다. 결국 조직을 희생시켜서라도 자신의 이익과 권력을 유지하려고 한다.

이런 CEO는 자기 집안의 경조사 때 비서실뿐만 아니라 조직의 주요 기능을 풀가동하고 직원들을 총동원해 잘 알지도 못하는 사람들에게까지 청첩장을 보내 부주나 화환이 많이 들어오도록 종용하기도 한다.

셋째, 리더는 자기가 온당한 권한과 권위를 행사하고 있고 이 권위에 조직원들이 순종한다고 믿고 있을 뿐 권력을 부린다고 생각하질 않는다. 착각은 자유지만 리더의 착각이 커질수록 조직의 병은 그 만큼 더 깊어지면서 조직이 썩게 된다.

대개 힘 있는 권력기관의 장이나 주요 간부는 자신의 자녀가 군 입대시 편한 부대로 가거나 좋은 보직을 얻도록 하기 위해 군에 힘을 쓰는 자신의 부하 직원들을 동원하거나 대학을 갖 졸업한 자녀가 좋은 직장의 취직 시험에 합격되도록 하기 위해 그 기관에 영향이 있는 자신의 부하 직원을 통해 위력을 행사하는 경우가 흔히 있다.

결국 문제가 발생하면 자신은 단지 부하 직원에게 자신의 자녀 일이 어
떻게 돌아가는지 상황만 좀 알아봐 달라는 수준의 말을 한 것이지 조직의
권력을 남용하거나 지나칠 정도로는 부탁하지 않았는데도 부하직원이 그
저 자신을 존경하거나 충성스러움을 나타내기 위해 스스로 민원을 진행한
것이라는 식으로 얼버무리며 꼬리를 잘라버린다.

특히 어떤 CEO는 전임자와 달리 권위적인 모습을 탈피하겠다는 좋은
취지에서 원탁의자 사용을 즐기고 장방형 회의탁자를 사용할 때도 중앙
자리 대신 옆으로 좀 비켜나서 모서리에 앉다시피 하면서 결제를 하지만
실제로 회사 경영은 법과 사규를 위반해 가면서까지 자기 마음대로 하고
결제나 회의시 폭언(暴言)을 일삼고 광기(狂氣)를 부리는 폭군형 CEO라면
권위를 없앤다는 말은 애초부터 속에도 없는 빈말이었고 언행이 일치되지
않는 이율배반적(二律背反的)인 리더이리라.

흔히 리더십은 외부의 어려움이 생기면 조직의 결집을 이끌어 내어 오
히려 긍정적으로 변화하기도 하지만 내부의 저항이 강해지면 대개 부정적
으로 변질되기도 한다.

이러한 경향은 특히 내부 출신 리더의 경우 더 심하게 나타난다. 노사관
계의 악화로 조직이 어려워지면 본인이 자신의 부족함과 실책을 겸허하게

인정하면서 문제 해결에 나서기 보다는 직원들에게 외부 경영환경 핑계를 대거나 조직의 선배인 자신의 생각을 후배들이 너무 몰라준다면서 자기 주관적인 주장을 거듭하고 억지 고집을 부리는데 더 많은 시간을 사용하기도 한다.

넷째, 사람을 쓸 때에는 업무능력이 어느 정도이고 재능의 유무가 아니라 얼마나 자신의 말에 충성하느냐를 기준으로 사람을 가려 뽑기 시작한다. 그 결과 리더 주변에는 자연스럽게 리더의 눈치를 보며 리더의 기분을 맞춰 주는 사람이나 다분히 복종 지향적인 예스^{Yes}맨들로 가득 채워지게 된다.

그야말로 기껏 복덕방이나 대서방이나 할 수준 밖에 안 되는 직원들인데도 권력병에 감염된 리더는 이들이 자기 말을 잘 듣는다는 이유로 주요 본부장 등 자신의 핵심 인물로 삼아 주변에 두게 된다.

결국 이런 리더는 자기만의 세계 속으로 빠져들게 되고 오로지 자신의 만족을 위해 행동한다. 즉 리더가 자신이 듣고 싶은 말만 듣게 되고 듣기 좋아하는 말만 선호하게 된다.

이쯤되면 리더의 주변 사람들은 무감각에 빠진 리더에게 제대로 된 말을 해 주지 않게 된다. 따라서 가장 불행한 리더는 자기가 왜 그렇게 되었는지 그 원인조차 모르고 있다가 몰락하는 경우라고 하겠다. 또 이 정도가 되면 리더에 따라 좀 다르겠지만 대부분 기본적으로 고독해 하고 불안해 하며 때로는 노심초사, 전전긍긍해 하는 정신심리학적으로 병적인 상태에 이르게 된다.

그래도 비교적 괜찮은 리더들은 이 불안과 의심을 극복하고 조직과 구성원에게 신뢰감을 심어줄 수 있는 결단력으로 제 자리를 찾아가기도 하지만 그렇지 못한 리더들은 자기 비위나 맞추는 아첨꾼들을 계속 중용해 충성 경쟁을 유도하기도 하고 또 조직마다 직언하는 조직원을 '불평분자' 와 '불만분자' 로 취급해 아예 멀리하는 어리석은 리더들도 흔히 있다.

다섯째, 또 하나 우려되는 리더십은 규정 위반이나 불법행위가 예상되는데도 불구하고 매사에 직원들에게 모든 일은 자신이 책임진다고 호언장담을 하며 일을 밀어붙이는 경우다.

이는 조직에 일어나는 모든 것은 리더인 자기 책임이니까 상황이 좋지 않을 경우 리더 자신이 모든 책임을 지겠다는 그야말로 선의의 좋은 의미도 있을 수도 있겠지만 변질된 리더의 의도는 그런 숭고한 뜻 보다는 자기가 그 조직에서 모든 것을 가장 많이 알고 있고 모든 것을 마음대로 할 수 있는 권한을 가진 자니까 무조건 자기 지시와 말을 따르라는 것이다.

리더 스스로가 전지전능하다고 착각하는 메시아Messiah적 발상에 의한 것으로 변질된 권력의 속성이 내재된 매우 위험한 리더십이다.

여섯째, 자기 조직에 대해선 자기가 모든 것을 가장 잘 안다는 리더의 강한 자신감과 확신이 조직을 위태롭게 만드는 경우를 자주 본다.

성공을 거듭한 리더일수록 지식이 쌓이고 자신감도 생기나 어떤 사안에 대해서는 이를 옆에서 지켜보는 노력이나 점검하려는 자세보다는 자신의 직관만으로 전적인 확신을 표하는 경우가 많아지고 참모들의 이야기를 듣지 않고 확신에 찬 자신의 주장대로 업무 추진을 지시하는 경향이 높아지게 된다.

GE의 CEO를 20년간 역임한 잭 웰치^{John Frances Welch Jr} 회장은 "CEO니까 다 안다? 그건 CEO의 착각이다. 회사 사정을 가장 모르는 사람이 바로 CEO다"라고 말했다.

매사(每事) '내가 다 책임질게 내가 시키는 대로 해!' 라고 명령하는 것은 마치 직원을 노예로 만드는 것으로 그들로부터 적극성과 충성심을 뺏어가는 것은 물론 조직원을 혼란스럽게 하고 때로는 리더에 대한 실망감으로 고통과 번민의 밤을 지새우게 만든다.

결국 조직원은 실망과 분노를 넘어 내부의 적으로 돌아서게 되는데 '동료와 구성원을 적으로 만드는 리더는 자격도 없고 더 이상 존재이유가 없는 것' 이다.

슈퍼스타 리더십:
대중을 전혀 의식하지 않거나 지나치게 의식해 문제

　자신감이 넘치는 리더의 강한 확신이 조직을 위태롭게 만드는 경우를 자주 보게 된다.

　이는 리더가 오랫동안 한 자리에 있으면서 지식과 자신감이 쌓이고 나름대로 성공을 맛보게 되면서 부하직원의 보고나 건의보다도 자신의 판단과 확신을 더 중시하는 경우가 많아지고 남의 이야기를 듣지 않고 자신의 이야기만 하게 되기 때문이다.

　문제는 이러한 강한 자신감을 넘어 슈퍼스타 리더십 바이러스에 감염되면 끊임없이 존경받고 인정받고 관심을 받고 싶은 욕구가 생겨나는 것이다.

결국 자신을 추종하는 사람의 숫자에 민감해지고 그들을 통해 만족감을 얻으려는 증후군이 나타나게 된다. 사람들로부터 인정을 받고 지지를 이끌어 내려는 것은 모든 사람과 리더의 기본 특징이지만 대중을 너무 지나치게 의식한다면 슈퍼스타 리더십 병의 중증 증세라고 봐도 될 것이다.

그 대표적 예로 궁예와 사울 왕을 들 수 있다.

(1) 궁예의 리더십

궁예는 자신이 버림받은 신라 왕족이라는 상처를 딛고 그 한을 삭이면서 착취와 수탈이 없는 미륵의 세계를 꿈꾸며 후고구려를 건국했다.

궁예의 그 비전과 리더십에 기세가 날로 확대되면서 폭발적으로 세력이 규합됐다. 궁예는 직접 군사훈련을 실시했고 식사 때도 잠잘 때도 군사들과 같이하고 부하들을 자신의 사사로운 감정으로 대하지 않았다. 또 신상필벌에 따라 군율을 엄격하게 적용했다. 이런 궁예의 위엄과 모범은 당시 최고의 전략적 요충지였던 송악의 호족들마저 스스로 귀의(歸依)하게 만들었다.

그러나 궁예는 시간이 흐르면서 초기의 면모를 잃고 의심과 독기가 가득한 외로운 독재자로 바뀌고 말았다. 리더십이 변질되어 간 것이다.

궁예는 그를 둘러싸고 충신과 간신들간의 권력투쟁이 심화되자 자신 외에는 누구도 신뢰하지 않고 마침내 자신의 힘을 유지하기 위해 사람의 마음을 꿰뚫어 본다는 '관심법(觀心法)'을 사용하게 됐다.

관심법의 힘은 절대적이었다. 종교보다도 군사보다도 더 무서웠다. 궁예는 관심법을 악용해 자신에게 충성을 다한 장군과 자신의 부인까지 자신의 판단에 의심이 가면 무자비하게 죽였다.

그러나 그 관심법도 민심을 이기지 못했다. 민심이 떠나면서 결국 궁예는 자신이 믿었던 부하 왕건에 의해 폐위를 당했다.

리더들이 궁예와 같은 관심법을 쓰기 시작하면 사태는 심각해진다. 조직원들은 모든 결정 기준을 리더의 관심에 꿰맞추게 되기 때문이다.

난세를 살아가는 직장인 제세술

(2) 사울 왕의 리더십

슈퍼스타 리더십의 또 하나의 대표는 성경에 나오는 사울 왕이다. 사울은 이스라엘의 초대 왕으로 많은 크리스천들이 자기반성을 할 때 반면교사(反面教師)의 교재로 사용하고 있다.

성경에는 "사울은 이스라엘 자손 중에 그보다 더 준수한 자가 없고 키는 모든 백성보다 어깨 위만큼 더 컸더라"고 기록되어 있을 정도로 사울은 그야말로 스타 중의 스타였다. 그럼에도 사울은 스스로를 "이스라엘 지파 중 가장 작은 베냐민 지파 사람이며 자기 가족은 그 베냐민 지파의 모든 가족 중에서도 가장 미약한 가족"이라며 지극히 겸손하기까지 했다.

그러나 사울은 목동 다윗이 나타나면서 그가 이스라엘에 대해서 갖고 있던 왕으로서의 비전과 책무는 물론 겸손함은 온데간데 없고 자기 자리를 지키려는 욕망과 질투의 화신으로 변질되어 버리고 만다.

한낱 양치기에 불과한 다윗이 블레셋의 거인 골리앗을 쓰러뜨린 후 백성들이 "사울이 죽인 자는 수천이며 다윗이 죽인 자는 수만이요"라고 노래하자 질투의 악령에 사로잡히게 된다.

사울 왕은 결국 다윗에 대한 질투와 증오의 감정만 마음속에 들끓게 하다가 원래의 비전과 책무는 잃어버린 채 다윗을 죽이려는 데만 혈안이 돼 그를 쫓다가 블레셋^{Philistine}과의 전투에서 패하고 자결로 생을 마감하면서 몰락한 주인공으로 그려지고 만다.

처음과 달리 리더십이 변질되는 대부분의 리더는 대중을 전혀 의식하지 않고 자기 뜻대로 비전을 정하고 자기 식대로 끌고 가는 게 일반적이나 사울 왕이 걸린 리더십 병은 대중을 너무 지나치게 의식하는 슈퍼스타 리더십 바이러스에 감염돼 패망한 대표적인 사례라 하겠다.

2장

바람직한 리더십

조직을 살리는 리더십

(1) 경청(傾聽)해야 : 경청은 리더의 힘

개그맨들이 가장 대하기 힘든 대중은 자신들의 개그에 웃지 않고 반응을 보이지 않는 청중이라고 한다.

이는 비단(非但) 남을 즐겁게 하는 일을 하는 사람에게만 해당하는 것이 아니다. 대부분의 사람은 자신의 이야기를 잘 들어주는 사람을 만났을 때 가장 신명이 나는 반면 그렇지 않은 사람을 만났을 때에는 의욕을 상실하게 된다.

'역발산기개세(力拔山氣蓋世, 산을 뽑고 세상을 덮어 버릴 만큼의 기상)'를 자랑했던 중국 초패왕(楚覇王) 항우(項羽)는 왜 천하를 통일하지 못했을까?

천하를 통일한 한고조 유방(劉邦)에게 장량과 한신, 소하와 같은 유능한 인재가 있었다면 그 경쟁자인 초패왕 항우에게도 범증(范增)이라는 천하를 떠받칠 인재가 있었다.

그러나 항우는 한 때 유방을 물리쳐 변방의 외진 곳으로 패퇴시키고도 그 기회에 다시 세력을 회복할 수 없도록 끝까지 공격하자는 범증의 건의를 듣지 않고 무시한 탓에 천하를 제패할 기회를 놓치고 말았다.

항우는 많은 병사와 넓은 영토를 가지고 있었을 때 유방도 물리친 자신감이 있었기 때문에 외진 곳으로 쫓겨난 유방을 너무 가볍게 생각해서 뒷날의 화근을 없애자는 범증의 건의를 무시했던 것이다.

마침내 범증이 귀를 막은 항우의 리더십에 너무 실망해 항우를 떠나 산속으로 숨어 버렸고 훗날 항우는 범증의 우려대로 권토중래(捲土重來)한 유방의 공격을 받아 결국 참담한 패배를 겪게 되었다.

미래학자인 톰 피터스Tom Peters는 "20세기가 말하는 자의 시대였다면 21세기는 경청(傾聽)하는 리더의 시대가 될 것이다"라고 했다.

또 『성공하는 사람들의 7가지 습관』의 저자 스티븐 코비Stephen R. Covey도 "성공하는 사람과 그렇지 못한 사람의 대화 습관엔 뚜렷한 차이가 있는데 딱 하나만 예를 든다면 나는 주저 없이 '경청하는 습관'을 들 것이다"라고 역설했다.

미국 교회 평신도 지도자 윌리엄 E. 딜^{William E. Diehl}도 "세상은 훌륭한 경청자를 갈망한다"고 말했다.

경청이란 무엇인가?
도대체 경청이 어떤 강력한 힘을 가지고 있기에 세계적인 경영학자와 리더들이 이토록 경청의 중요성을 강조하는 것일까?

경청이란, 상대방과 대화를 하거나 이야기를 할 때 그들이 하는 말을 존중하는 마음을 갖고 귀 기울여 듣는 것을 말한다.

경청할 때에는 상대의 표정과 눈빛, 태도, 손동작 움직임 등을 하나하나 파악하면서 들어야 한다. 그래야만 말하는 상대의 생각과 마음을 이해하고 공감하고 읽어낼 수가 있다.

경청은 특별한 것이 아니다. 상대방 이야기를 듣다보면 대개 '자신이 힘들다는 말이고 그럼에도 불구하고 열심히 잘 하고 있다'는 자기호소가 대부분이다.

경청을 잘 하려면 상대방의 이야기에 반응을 잘 해야 한다.

"우리가 태어나서 말을 배우는 데는 대략 2년 정도 걸린다. 하지만 침묵을 배우는 데는 60년이라는 시간이 걸린다"고 공자(孔子)도 말하지 않았던가? 그만큼 듣는다는 것이 어렵다는 말일 것이다. 어렵고 힘든 만큼 경청의 힘은 실로 엄청나다.

경청은 성공을 부르는 대화 습관이다.

영업의 달인(達人)으로 소문난 사람들과 영업의 신(神)이라 불리는 사람들, 그 사람들의 비법은 다른 데 있는 것이 아니다. 바로 얼굴에 환한 미소를 짓고 잘 들어 주는 것 그것이 최고의 영업 비결인 것이다.

이청득심(以聽得心)이라는 말이 있다. '말을 들어 주는 것이 사람의 마음을 얻는다' 는 뜻이다. 사람의 마음을 얻고 뭔가 하고 싶다는 의욕을 불러일으키는 힘 그것은 바로 경청하는 리더가 가져야 할 태도임을 잊지 말아야 한다.

경청을 잘하는 사람이 제대로 된 리더가 될 수 있다. 반면에 경청할 여력이 없는 리더는 성공하기 힘들다. 요즈음 강조되는 소통(疏通)도 경청으로 시작되기 때문이다.

인도네시아 최초로 직선제 정권교체를 이룬 첫 서민 출신 대통령 조코 위도도Joko widodo는 지난 5월 17일 아주대학교 학생들과의 토크 콘서트에서 리더십이 무엇인가?라는 질문에 자신의 "리더십은 듣는 것이다"라고 말했다.

'경청은 리더의 힘' 인 것이다.

(2) 칭찬하고 격려해야: 칭찬은 돈이 들지 않는 보너스

우리는 잘못에 대한 질책은 많이 하지만 칭찬과 격려에는 인색한 리더들을 흔히 볼 수 있다. 이는 달리는 말에 채찍을 더하는 것처럼 보다 더 열심히 하라는 좋은 뜻으로 이해할 수도 있지만 보통은 부하 직원의 사기를 떨어뜨리는 경우가 많고 심하면 그들의 열정에 찬 물을 끼얹는 셈이 될 수도 있다.

직원의 의견에 귀 기울여 듣는 것 다음으로 필요한 것은 직원 스스로 자신의 생각을 실행하게끔 격려해 주고 성공을 거둘 경우에 칭찬을 아끼지 말아야 한다. 격려와 칭찬을 듣고 기분 나빠할 사람은 없을 것이다.

미국 작가 윌리엄 우드William Ward는 "나는 아첨하는 사람을 믿지 않는다. 비판하는 사람도 좋아하지 않는다. 무시하는 사람은 용서하지 않는다. 그러나 격려해주는 사람은 절대 잊지 않는다"고 말했다.

레이건 전 미국 대통령의 연설 원고 담당이었던 페기 누난^{Peggy Noonan}은 자신의 원고 초안에 'excellent(매우 훌륭함)'이라는 레이건의 메모가 적혀 돌아올 때는 이를 오려 가슴에 붙이고 다녔다고 한다.

또 한창 정치활동을 왕성하게 하던 루즈벨트^{Franklin Delano Roosevelt}는 39세 때 갑자기 소아마비에 걸려 휠체어를 타고 다니는 자신의 모습을 비관하고 절망에 빠져 있었으나 아내 엘레나^{Eleanor Roosevelt} 여사의 사랑과 격려에 힘을 얻었다고 한다.

엘레나 여사는 비가 그치고 맑게 갠 어느 날 남편의 휠체어를 밀며 정원으로 산책을 나가 "비가 온 뒤에는 반드시 이렇게 맑은 날이 오듯이 당신도 마찬가지예요. 여보, 조금만 더 힘을 냅시다. 반드시 좋은 날이 올거예요"라고 격려했다.

루즈벨트는 이러한 아내의 말에 용기를 얻어 장애의 몸에도 불구하고 마침내 1930년 뉴욕 주지사 선거에서 대승을 하고 대통령 선거에도 도전해 당선되어 미국 역사상 유일하게 4선의 장수 대통령을 하면서 세계적 경제공황을 뉴딜정책으로 극복하고 제2차 세계대전도 승리로 이끄는 등의 대업적을 남겼다.

이처럼 비록 작은 것일지라도 부하 직원이나 주변 사람들이 노력한 결과에 대해 칭찬하고 낙심한 사람의 아픔을 위로·격려하고 용기를 주는 것은 상대를 즐겁고 신나게 만들 뿐 아니라 대통령까지도 할 수 있도록 하는 중요한 계기가 될 수 있다.

혹자는 "칭찬은 돈이 들지 않는 보너스"라고 한다.

실제로 일본국립생리학연구소 연구팀이 말로 칭찬받은 사람들과 카지노에서 돈을 딴 사람들의 뇌를 비교 촬영했더니 두 그룹의 대뇌가 비슷하게 활동한다는 사실을 발견했다.

단지 말로 칭찬 받았을 뿐인데도 돈을 딴 사람처럼 대뇌의 선조체(線條體) 부위가 활성화되고 도파민Dopamine이 방출된 것이다. 도파민은 욕망과 쾌감을 담당하는 신경전달 물질로 동기를 부여하고 의욕을 상승시킨다.

칭찬받은 사람은 도파민을 더 얻고 싶은 본능에 따라 업무를 더 열심히 하게 되는 것이다.

물론 직장 등이나 조직생활에서 칭찬만 할 수는 없다. 질책을 해야 할 때도 있다. 그럼 칭찬과 질책의 황금 비율은 얼마일까?

미국의 심리학자 마셜 로사다Marcial F. Losada에 따르면 "6대 1이 가장 좋다"고 한다. 한 번 질책이나 비난을 했다면 칭찬이나 격려를 6번은 해야 좋은 관계가 유지된다는 것이다.

소설가 마크 트레인Marc Train은 "자신의 기운을 북돋우는 가장 좋은 방법은 다른 사람의 기운을 북돋아 주는 것이다"라고 말했다.

칭찬과 격려는 그 누구도 아닌 바로 자신을 북돋우는 것이다. 특히 조직을 운영하는 리더라면 아낌없는 격려와 칭찬이 조직을 키운다는 것을 알아야 한다.

또한 칭찬과 함께 실수에 대한 관대한 포용도 그에 못지않게 중요하다.

옛날 초(楚)나라의 장왕(莊王)은 반란을 평정하고 돌아와 이를 축하하기 위해 여러 신하들을 초청해 연회를 베풀었는데 갑자기 거센 바람이 불어 촛불이 모두 한꺼번에 꺼져버렸다.

그 어둠을 틈타 한 장수가 장왕이 사랑하는 허희(許姬)를 끌어 안고 희롱하자 허희는 그 사람의 관끈을 잡아당겨 끊고 장왕에게 이 사실을 고(告)했다. 그러자 장왕은 오히려 모든 신하의 관끈을 끊게(絕纓)한 다음 다시 불을 밝혀 유흥을 계속 하게 함으로써 그 장수의 한순간 잘못을 덮어 주었다.

훗날 이 장수는 진(晉)나라와 전쟁에서 장왕(莊王)이 위험에 처하자 자신의 목숨을 내던지다시피 해서 장왕을 구하고 전쟁을 승리로 이끎으로 은혜를 갚았다고 한다.

격려와 칭찬에 인색하고 지나치게 잘잘못만 따짐으로써 도전적인 풍토를 해치는 성품의 리더라면 초나라 장왕의 절영연회(絶纓宴會) 고사(故事)를 곱씹어 볼 필요가 있을 것이다.

(3) 믿고 맡겨야: 의인불용, 용인불의(疑人不用, 用人不疑)

리더와 부하의 관계는 신뢰가 기본이 돼야 한다.

따라서 어려운 문제가 생겼을 때 지원을 해 주되 지나친 간섭이나 관여는 구성원의 자율성을 저해하는 결과를 초래한다는 점 또한 잊어서는 절대 안 된다.

특히 창의성이 중요시 되는 이 시대를 맞아 권한 위임은 리더의 중요한 덕목이 됐다.

옛부터 시대와 장소를 불문하고 통용되는 '사람 쓰는 법'이 있다면 '의인불용, 용인불의(疑人不用, 用人不疑. 의심스러운 사람은 쓰지 말되, 일단 쓰기로 한 사람은 의심하지 말라)'의 가르침이 있다.

중국 송사(宋史)에 나오는 이 말은 동양적 용인학(用人學)의 근간으로 삼성 창업주 이병철 회장의 지론으로도 잘 알려져 있다. 한 번 믿고 일을 맡기면 주변에서 아무리 흔들어도 그 신뢰를 깨지 않고 끝까지 믿음을 주는 것이야말로 정말 품격이 느껴지는 용인(用人) 철학이 아닌가.

제대로 된 리더는 부하와 조직에 대해 객관적으로 볼 줄 알아야 한다. 특히 근거없는 비방에 현혹되거나 믿지 말아야 한다.

자기가 발탁해 요직에 앉혀 놓고도 얼마가지도 않아 그 직원을 못마땅하게 여기거나 그 직원에 대한 근거 없는 온갖 세상 이야기로 못살게 군다면 그는 리더의 자질이 없다.

리더가 부하를 신뢰하고 그에게 믿음을 보여 주면 어떤 결과가 나타나는지를 설명할 수 있는 또 하나의 좋은 예로 BC 5세기경 중국 조(趙)나라의 양자(襄子)를 죽이려다가 실패하고 잡혀 죽은 진(晉) 나라 예양(豫讓)의 이야기를 들 수 있다.

예양은 평소 떠돌이었던 지백(智伯)이 자신을 국사(國師)로 모셨는데 지백이 조 나라의 양자를 공격하다가 죽자 지백의 복수를 하기 위해 길을 떠나면서 "사위지기자사(士爲知己者死), 여위열기자용(女爲說己者容)", 즉 "여자는 자기를 사랑하는 사람을 위하여 몸을 단장하지만 남자는 자기를 알아주는 사람을 위하여 목숨을 바친다"는 유명한 말을 남겼다.

비록 예양의 계획은 실패해 죽음으로 끝났지만 그가 남긴 말은 사람이 사람을 믿어주고 알아준다는 것이 얼마나 중요한 것인지를 가르치는 말로 지금까지 회자(膾炙)되고 있다.

최근 국가 경영이든 기업 경영이든 과거에 비해 훨씬 많은 일들이 동시에 발생하고 있고 지리적으로도 국내는 물론 해외에서 여러 가지 일들이 진행되는 경우가 많아 리더 한사람이 모든 것을 결정하고 그 결과를 챙기는 것이 사실 불가능하고 바람직하지도 않다.

만약 사소한 일 하나하나마다 리더의 결정을 다 따라야 한다면 개인의 상상력과 다양성을 사라지게 하는 결과를 초래하게 된다.

그러나 현실을 보면 한국 중견기업 CEO의 대부분은 회사에서 가장 일찍 출근해서 가장 늦게 퇴근하는 사람이고 가장 일을 많이 하고 가장 바쁜 사람이다.

그들은 '자기가 없으면 회사가 안 돌아가는 줄로 생각'하며 직원을 믿지 못하고 세세한 일까지 일일이 체크를 하고 때로는 직원의 일처리가 마음에 들지 않는다는 이유로 자신이 그 일을 직접 처리하기도 한다. 직원이 자신처럼 회사에 헌신하길 바라지만 그렇지 않음에 분노하고 절망하기도 한다.

이들 CEO들에겐 사실상 '휴가'란 없다. 해외여행이나 휴가를 가서도 수시로 이메일을 체크하고 전화를 하는 등으로 직원들에게 업무지시를 하기 때문이다.

이런 리더들은 '조직 에너지 총량(總量)의 법칙'을 유념할 필요가 있다.

리더가 앞에서 설치며 조그만 일까지 미주알고주알 다 챙기기 시작하면 리더 한사람의 에너지는 올라갈지 모르지만 구성원들은 뒷짐을 지게 함으로 그들의 에너지가 줄어들면서 조직 전체의 총량 에너지는 변함이 없게 된다는 것이다.

결국 리더 역할의 핵심은 스스로를 '슈퍼맨'이라고 생각하지 말고 자신의 능력도 너무 맹신하지 말고 자신이 뽑고 고용한 직원을 믿고 일을 책임지게 맡기는 것이라고 할 수 있다. 특히 리더가 말단 조직원의 일까지 일일이 챙기고 간섭한다면 그 조직은 미래가 없다.

왜냐하면 조직은 '역할들의 묶음'이기 때문에 한 사람이 모든 역할을 다 한다면 다른 구성원들의 할 일이 없어지면서 역할들 간의 연대는 느슨하게 되고 종국에는 그 조직은 해체될 수밖에 없기 때문이다.

'직원이 리더를 믿고 의지하는 조직이라면 괜찮은 조직이다. 특히 리더가 직원을 믿는 조직이라면 더할 나위 없이 좋은 조직'이라고 하겠다.

(4) 통제만 하지 말고 지원해야: 최고의 리더십은 '두 낫싱(Do Nothing)'

어느 조직이나 할 것 없이 지금의 경영 환경은 조정경기Rowing에 비유할 수 있는 안정적인 상황이 아니라 급류를 타는 래프팅Rafting에 비유할 정도로 급변하고 있다.

그런데도 책상에 앉아 과제를 지시하고 보고서를 검토하는 관리 통제를 흔히 리더십이라고 오해하여 조직의 건강성을 해치는 잘못된 리더를 우리 주변에서 쉽게 찾아볼 수 있다. 이것은 부하의 능력 개발 기회를 없애고 궁극적으로는 조직의 경쟁력을 약화시키는 결과를 초래하게 된다.

특히 리더들이 흔히 저지르는 공통된 실수는 함께 일하는 사람들을 닦달하는 조급함이다. 성과를 바라는 리더의 마음을 모르는 것은 아니나 리더들이 부하직원을 시도때도 없이 닦달하는 것은 장기적으로는 여러모로 소탐대실(小貪大失)의 결과를 초래한다는 것을 유념해야 한다.

키스 머니건Keith Murnighan 노스웨스턴대 켈로그 경영대학원 교수는 최고의 리더십은 '두 낫싱Do Nothing', 즉 '아무것도 하지 않는 것'이라는 다소 극단적인 주장을 펼친다. 리더가 적게 일하면서 더 나은 성과를 올리는 것이 그가 말하는 리더십의 핵심이다.

키스 머니건 교수는 "리더는 리더의 일을 해야지 직원의 일을 대신해선 안 된다. 그러나 대부분 리더는 리더의 일보다는 직원의 일을 대신하며 바쁘게 산다"고 말한다.

그가 말하는 '리더의 일'은 일상적 업무가 아니라 '다른 사람들을 잘 리드Lead해 더 나은 성과를 거두게 하고 최종 책임을 지는 것'이다.

그렇다면 리더가 리드해야 할 일은 무엇인가?

키스 머니건 교수는 리더가 해야 할 일은 조직이 잘 굴러가도록 윤활유를 발라주는 역할을 해야 하는 것으로 실제로 크게 두 가지 밖에 없다고 한다. 첫째는 의사결정을 빨리 해주는 것, 둘째는 적재적소에 사람을 배치하고 이들이 일을 더 잘할 수 있도록 돕는 것이다.

따라서 기본적으로 리더는 일일이 관리, 통제하기보다 부하 직원들이 스스로 자신의 일에 대해 책임감을 가지고 최선을 다하도록 하고 필요한 사항을 제때 지원하는 모습으로 바꿔 나가는 것이 바람직하다.

훌륭한 리더는 자신의 에너지를 아무데서나 불태울 것이 아니라 본질적이고 핵심적인 것들을 위해 아껴둬야 한다.

(5) 실패에서 배우게 해야 : 실패는 사람을 상하게도 하고 강하게도 하는 법

어린아이가 셀 수 없는 넘어짐을 반복하면서 걸음마를 배우듯 인생에서 한 번도 넘어지지 않고 바로 걸을 수 있는 사람은 결코 아무도 없다.

인간이란 원래 실패와 실수를 많이 한다. 들고 있던 물건도 떨어뜨리기도 하고 늘 가던 길도 때로는 잃어버리고, 밥을 먹다가 자기 혀를 깨물기도 하는 존재다.

실수를 반복하거나 실패에 계속 머물러 있을 순 없지만 실패와 실수를 통해 깨닫고 일어나는 것이 인간이기도 하다.

미 콜롬비아 대학교 윌리엄 마스톤^{William Marston} 심리학 교수는 "만약 인생에서 성공하는 요인이 하나 있다면 그것을 패배로부터 유익을 이끌어내는 능력이다"고 말했다.

이것은 실패가 사람을 상하게도 하지만 사람을 강하게도 하는 법이고 성공을 위한 선물이기 때문이다. 루즈벨트 미국 전 대통령이 "실수를 하지 않는 사람은 아무 것도 안 하는 사람이다"이라고 말했듯이 이 세상에 실수를 하지 않는 사람은 아무도 없다.

단지, 바보 같은 사람은 늘 같은 실수를 되풀이하는 반면 똑똑한 사람은

늘 다른 실수를 할 뿐이다.

미국의 작가 E. G 허바드Elbert Green Hubbard는 "큰 실패를 경험하고서도 그 경험을 현금으로 바꾸지 못하는 사람은 낙제생이다"고 말했다.

이 말은 실패가 모두 나쁜 것이 아니라 실패를 통해서도 많은 것을 배울 수 있다는 것이다. 물론 누구나 가능한 한 실패와 실수를 안해야 되지만 실패와 실수를 통해 얻는 것이 있고 발전이 있도록 해야 한다.

피터 드러커 박사는 "누구나 과오를 저지르면서 여러 가지 일을 터득해 가는 법이다. 과오가 많을수록 그 사람은 이전보다 더 나아진다. 그만큼 새로운 경험을 많이 해보았기 때문이다"라고 역설했다.

드러커는 특히 "한 번도 실책이 없었던 사람, 그것도 큰 잘못을 저질러 보지 못한 사람을 최상급 직책으로 승진시키는 일은 없어야 한다"고 강조했다.

왜냐하면 그런 사람은 새로운 일이 두려워 아무것도 대부분 무사안일주의로 지내온 사람이라는 것이다.

이와 관련해 일반적으로 기업에서 자주 행하는 경영기법 중에 '벤치마킹Benchmarking' 이라는 것을 눈여겨보자. 이는 '잘된 사례로부터 배운다'는 뜻이다. 그리고 '베스트 프랙티스Best Practice' 라는 경영 용어도 있는데 이 역시 그 업계에서는 가장 잘 하는 사례를 찾아 그것으로부터 배운다는 것을 의미한다.

이와는 반대로 '역벤치마킹Reverse Benchmarking' 과 '워스트 프랙티스Worst Practice' 를 행하는 기업들도 늘고 있다. 즉 성공한 기업 사례를 찾지 않고 오히려 실패한 사례를 찾아서 그것으로부터 배운다는 역학습Reverse Learning 의 논리이다.

IBM 설립자인 '토머스 왓슨Thomas J. Watson' 이 어느 날 회사에 큰 손실을 입힌 부서장을 호출했다. 그 부서장은 사업실패의 좌절감과 막중한 책임에 대한 두려움으로 해고가 마땅하다고 보고 "책임지고 사표를 내겠다"고 말했더니 왓슨 회장은 "너무 상심하지 말게나 자네를 훈련시키는데 1천만 달러를 썼다네. 그 실패를 통해 얻은 교훈을 갖고 다시 일을 잘 해 주길 바란다"라며 그를 따뜻하게 위로했다고 한다. 그 부서장이 다시 어떠한 태도로 일을 했겠는가?

6만여 종의 다양한 제품을 생산하는 미국의 3M은 근무시간 중 15%를 자기계발과 미래를 위한 구상에 활용하게 하고 실패한 연구원들에게 한때 실패 파티를 열어주기도 했다. 또 창의적인 소수의견을 권장하고 채택하기 위해 보고할 때 소수의견을 병기하도록 의무화한 '마이너리티 리포트Minority Report 제도' 도 시행해 주목받기도 했다.

3M의 세계적 히트상품인 스카치테이프, 녹음용 테이프, 컴퓨터 저장용 디스켓, 포스트잇 누구나 사용하는 이 상품들은 모두 이 회사 직원들이 다른 용도의 제품을 만들다 실패한 뒤 실패의 원인을 분석하다 새롭게 용도를 찾은 것들이다.

이것이야말로 '칭찬받을 만한 실패'이고 '똑똑한 실패'라고 하겠다.

정해진 과정과 관행을 어기거나 실수나 부주의로 인한 실패가 거듭되면 치명타가 되겠지만 정해진 방법과 합리적인 조치를 취해도 원치 않는 결과가 나타나는 '똑똑한 실패'는 사전에 차근차근 계획을 세워놓은 덕에 실패의 원인과 결과와의 인과관계를 명확히 구분할 수 있다. 또 실패를 통해 습득한 새로운 지식은 다른 프로젝트에서 활용되기도 한다. 일부 기업에서 똑똑한 실패를 독려하는 이유이다.

창조(創造)경제를 부르짖는 이 시대에 필요한 창의적인 인재는 다양성, 개방성, 유연성을 존중하는 조직문화에서만 성장할 수 있다. 설사 실패를 하더라도 실패를 통해 성장할 수도 있기 때문이다.

조직 전체가 주눅이 들 정도로 '실수와 실패를 하면 책임져야 한다'라고만 강조한다면 누가 새로운 시도를 하겠는가? 창의적인 조직과 혁신적인 성과를 바란다면 실패와 실수라는 시행착오와 그에 대한 관대함이 반드시 필요하다.

시행착오 없이 단번에 찾아낼 수 있는 답이라면 결코 혁신이 될 수도 없다.

실패와 실수가 있는 영역이 낯설고 새로운 틈새이자 그동안 시도하지 않았던 새로운 시장이 되면서 부가가치를 크게 높일 수 있다.

영국의 국제 광고 대행사 사치&사치^{Saatchi & Saatchi}에서 수석 크리에이티브 디렉터를 지낸 유명 카피라이터 폴 아덴^{Paul Arden}의 "옳은 것은 나쁜 것이다"는 말은 창의력과 열린 사고와 관련해 매우 큰 의미를 던져준다.

폴 아덴은 "우리는 지식과 경험에 비추어 어떤 것이 옳다고 판단한다. 이건 안전할지는 모르나 그렇기에 시대에 뒤떨어진 것일 수 있고 독창성과 상반되기도 한다. 새로운 아이디어에 자신을 열어두지 않고 자신이 틀릴 수도 있다는 점을 인정하지 않는 것은 잘못이다. 그래서 옳은 것은 나쁜 것이다. 자신이 옳다고 생각하는 사람들은 과거 지향적이고 완고하며 우둔하고 독선적이기 때문이다"라며 큰 화두를 던졌다.

창의 사회를 지향하는 우리 사회는 이제 실패없이 혁신도 없고, 실수없이 성공도 없다는 지극히 상식적인 얘기에 다시 귀를 기울여야 할 때다.

2

협력을 얻어내는 리더십

(1) 상대방이 원하는 것을 먼저 줘야: 사람을 얻을 땐 마음을 얻어야

사람이 자신들의 먹거리로는 싫어하지만 낚시를 할 때는 항상 지렁이나 떡밥 등의 미끼를 준비해 간다.

그 이유는 간단하다. 물고기가 좋아하는 것이기 때문이다.

인간관계도 마찬가지다. 상대방이 원하는 것을 먼저 줘야 하는 것이다. 사람의 마음을 움직이고자 할 때는 그들이 원하는 것에 대해 이야기 하고 관심을 갖지 않고서는 사람을 움직일 수 없다는 것을 알아야 한다. 낚시를 할 때는 물고기의 입맛에 맞는 것을 달아주면서 왜 사람을 낚을 때에는 그렇게 못하는가?

데일 카네기Dale Carnegie는 "토끼를 잡을 땐 귀를 잡아야 하고 닭을 잡을 땐 날개를 잡아야 하고 고양이를 잡을 땐 목덜미를 잡아야 하고 사람을 얻을 땐 마음을 얻어야 한다"고 했다.

이것은 매우 간결한 명제(命題)이지만 그야말로 인간관계론의 거장다운 함축된 가르침으로 상대방이 나를 위해 뭔가를 하게 만들고 상대방에게서 도움을 받을 수 있도록 하고자 할 때 사용하는 만능열쇠이다.

하지만 대부분 사람들은 이것을 거꾸로 생각하고 먼저 받으려고만 해서 갈등이 생기고 협력이 깨지게 된다.

특히 리더로서 협력과 지지를 얻기 위해서는 자신이 원하는 것보다 먼저 조직원들이 진정으로 원하는 것이 무엇인지를 헤아리고 그들이 원하고 바라는 것을 해주면 그들도 조직과 리더가 원하는 것을 준다는 것을 명심해야 한다. 상대방의 마음을 잘 이해해주고 그들이 원하는 것이 무엇인가를 파악해서 그것을 갖게 해주는 것 그것이 리더십인 것이다.

경제학자인 토마스 소웰Thomas Sowell은 "예절과 타인에 대한 배려는 동전을 투자해 지폐를 돌려받는 것과 같다"라는 참 재미있는 표현을 했다.

훌륭한 리더는 다른 사람들의 아이디어나 정보가 필요할 때 명령하지 않는다. 대신에 정중하게 조언을 하거나 지원을 요청한다.

사람들은 명령을 받으면 불쾌감을 느끼고 때로는 반감을 품는다. 그러나 마음에서 우러나오는 칭찬과 관심어린 언어로 정중하게 요청하면 기꺼이 협조하는 등 우호적인 행동으로 반응하는 것이 동서고금(東西古今)의 인지상정(人之常情)이다.

(2) 상대방에 관심을 보여야 : 사람의 마음은 낙하산과 같아 펼쳐져야 쓸모 있어

사람들이 전화 통화를 할 때 가장 많이 사용하는 단어는 무엇일까?

한 전화 회사의 조사 결과 '나' '나는' '내가' '나의' '나로 말하면' 등 '나' 라는 단어를 가장 많이 사용하는 것으로 나타났다고 한다.

야유회나 등산을 가서 단체 사진을 찍어 사진이 나오면 사람들은 누구의 모습을 가장 먼저 찾아볼까? 누구든지 바로 자기 모습을 가장 먼저 찾아본다.

사람은 이 세상 그 어느 누구보다도 자신에 대한 관심이 가장 크기 때문이다.

또 인간에게 관심을 가장 많이 표현하는 동물은 어떤 동물일까? 소나 말처럼 밭에서 힘들게 일을 하지도 않고 사람을 태우고 달리지도 않지만 인간에게 쏟아내는 끝없는 관심 때문에 이 동물은 오래 전부터 많은 사람들의 사랑과 호강을 얻고 있다.

'개'가 바로 그 동물이다. 사람이 개를 좋아하고 사랑하는 이유는 가족이 밖에서 돌아왔을 때 꼬리를 흔들며 제일 먼저 반갑게 맞이해주고 사람들에게 가장 많은 관심을 보이는 동물이기 때문이다. 사람은 개를 연상할 때 '충성스러움'과 '다정함' 등 긍정적인 성향을 함께 떠올린다.

이와 같이 사람은 동물뿐만 아니라 자기에게 관심을 보이는 사람을 좋아하기 때문에 다른 사람에게 조금만 관심을 보이면 의도적으로 사람을 사귀려는 그 어떤 노력보다도 훨씬 쉽게 친구를 만들 수 있다.

오스트리아 출신인 정신의학자 겸 심리학자 알프레드 아들러Alfred Adler는 "다른 사람에게 관심이 없는 사람은 인생을 사는데 굉장히 어려움을 겪게 되고 다른 사람에게도 해를 끼치게 된다"고 말했다.

인간은 누구나 자신이 관심있는 일에 관해서 이야기 하기를 좋아한다. 따라서 성공적인 리더가 되고 싶다면 조직 구성원이나 다른 사람들의 관심사를 살펴야 한다. 그들이 원하는 것이 무엇인가, 그들이 어떤 생각을 하고 있는가? 그리고 그에 대해 이야기 해 주면 그들 역시 상대방에게 똑같은 관심을 보일 것이다.

창조적 아이디어 기법으로 쓰이고 있는 브레인 스토밍Brain Storming의 창시자로 유명한 A. F. 오스본Alex F. Osborn은 "인간의 마음은 낙하산과 같아서 펼쳐지지 않으면 쓸 수가 없다"고 했다.

부부간에도 서로 표현을 제대로 하지 않아 상대방의 마음속에 무엇이 들어 있는지를 몰라서 부부싸움이 일어나기도 한다. 그나마 부부간이니까 어느 정도 알아먹지 남들이 어떻게 그 마음을 알겠는가?

리더로서 사람의 마음을 얻고 싶다면 자신의 마음속으로 느끼는 것을 넘어 직접 행동으로 옮기며 관심을 보여 주어야 한다. 다른 사람들에 대한 관심을 그저 가슴속에 담아 두지 말고 밖으로 표현해야 한다.

특히 내가 웃어야만 거울속의 나도 웃듯이 내가 먼저 웃고 내가 먼저 상대방에게 관심을 갖고 배려하는 것이 협력을 얻어내고자 하는 인간 관계에서는 매우 중요하다.

만나는 사람들마다 그에게 관심을 가지고 있음을 느끼게 하면 많은 이웃과 친구를 얻을 수 있고 좋은 관계도 유지하게 된다.

'마음은 품는 것이기도 하지만 여는 것'이기도 하다.

(3) 소통을 원활하게 해야: 말 잘하는 사람들이 성공할 확률이 높아

커뮤니케이션communication을 얼마나 잘 하느냐에 따라 성공이 좌우된다고 해도 과언이 아니다. 사람은 어떤 식으로든 커뮤니케이션을 하면서 살아가기 때문이다.

대체로 말을 잘하는 사람들이 성공할 확률이 높다. 우리 삶의 상당부분이 언어에 의해 채워지기 때문이다.

이런 측면에서 리더도 가능하면 말을 잘하는 능력을 구비하면 좋다. 리더가 원활한 커뮤니케이션 능력을 갖추면 협력을 얻어내는데 매우 큰 힘이 되기 때문이다.

커뮤니케이션은 자기 생각과 주장의 핵심을 잘 전달하는 스피치 능력과 함께 상대방의 이야기에 귀를 기울이는 자세가 필요하다.

리더라고 해서 자신의 생각과 주장만으로 조직을 이끌려고 하는 것은 실패의 쓴맛을 보는 지름길이다. 리더는 특히 자신의 대화법을 호감형으로 바꾸어 나가는 작업을 꾸준히 해야 한다.

이를 위해선 우선 첫째, 자신의 말은 적게 하고 상대방의 이야기를 잘 경청해야 한다. 말을 많이 하는 것과 말을 잘하는 것은 다르다.

말을 많이 하는 사람이 감동이나 호감을 주진 않는다는 것은 주지(周知)의 사실이다. 오히려 말이 많으면 상대방에게 반감을 줄 수 있다.

"귀 때문에 망하는 사람보다 입 때문에 망하는 사람이 많다"는 것을 기억해야 한다. 또 "혀를 다스리는 것은 사람이지만 내뱉어진 말이 그 사람을 다스린다"는 것도 알아야 한다.

요즈음 많이 이야기 되고 있는 123 대화법이 있는데 "자기 말은 짧게 한 번만 하고 상대방의 얘기는 두 번 이상 들어 주고 상대방이 말하는 동안에 세 번 이상 고개를 끄덕이며 맞장구를 쳐 줘라"라는 것이다

또 333 법칙이 있다. "누구를 만나든 3분 이내에 3번 칭찬하고 3번 맞장구 쳐라"는 것이다.

탈무드는 "사람에게 입이 하나 있고 귀가 둘이 있는 이유는 말을 잘 듣기 위해서"라고 한다. 독일 속담에도 "현명한 사람은 귀가 길고 혀는 짧다"고 했다.

둘째, 기왕이면 긍정적인 답을 유도하면서 대화를 한다. 일반적으로 대화를 할 때 긍정적인 대화를 전개해 나가는 것이 상대방에게 좋은 인상을 준다.

커뮤니케이션 기술에 'yes(긍정)기법'이 있는데 계속되는 yes(긍정)답변 유도로 긍정적인 방향성으로 들어가게 한 후 궁극적으로 원하는 요구에 yes(긍정)의 답을 얻어내는 대화법이다.

화장품 판매원의 경우를 예를 들어 설명하면,
"사모님, 요즈음 날씨가 많이 춥죠?" "yes"
"날씨가 추우면 피부가 많이 건조해 지는데 사모님도 그렇죠?" "yes"
"이럴 때는 얼굴에 보습을 해 주는게 정말 중요한 것 같아요?" "yes"
"그래서 하는 말인데요. 얼굴을 촉촉하게 해주는 수분 크림이 좋은 게
    나왔는데 사모님 한 번 발라 보시겠습니까?" "yes"
"어때요, 좋지요? 이 기회에 하나 장만하시죠?" "yes"

이같은 결론이 가능한 것은 사람은 대체로 자기가 긍정적인 사람으로 비춰지기를 바라는데 긍정적인 답을 하는 사람은 자신을 긍정적이라고 생각하고 부정적인 대답을 하는 사람은 자신을 부정적이라고 생각하기 쉽기 때문이다.

셋째, 쉽게 풀어서 설명할 줄 알아야 한다. 사람들 중에는 쉬운 것도 어렵게 말하는 사람도 있다. 이런 사람들은 정말 말 재주가 없는 사람으로 커뮤니케이션 능력이 부족하다는 평가를 받는다.

정말 가장 쉬운 것이 말인 것 같은데도 어떻게 보면 가장 어려운 것이

말이다. 오죽하면 "말 한 마디로 천 냥 빚을 갚는다"는 속담이 있을까?

리더는 어려운 것도 바로 쉽게 풀어서 말할 줄 아는 사람이어야 한다. 대개 말을 잘하는 사람 옆에는 많은 사람들이 모인다.

(4) 논쟁을 피해야 : 사람은 자신의 생각을 쉽게 바꾸고 싶어하지 않아

인간은 이성적인 동물이기 보다도 감정적인 동물이라고 흔히 이야기한다. 데일 카네기는 감정에다가 편견까지 더해 "인간은 편견을 가진 감정적인 동물"이라고 했다.

그래서 대부분의 경우 논쟁이 격렬하면 격렬할수록 그 논쟁은 참가자들이 자신의 의견이 옳다고 더욱 확신하면서 끝이 난다.

미국 건국의 아버지 벤자민 프랭클린Benjamin Franklin은 "논쟁은 피하는 것이 가장 좋다. 설령 승리를 거둔다 하더라도 얻는 것보다 잃는 것이 더 많을 것이다"고 말했다.

사실 그렇게 논리적인 사람은 별로 없다. 우리들 대부분은 편견을 갖고 있거나 생각이 한쪽으로 치우쳐 있게 마련이다. 질투, 선입관, 부러움, 의심, 두려움과 자만심 등으로 인해 사람들의 판단이 흐려져 있다.

게다가 사람은 자신의 종교나 헤어스타일, 혹은 정치관이나 좋아하는 영화배우에 대해 갖고 있는 생각을 쉽게 바꾸고 싶어하지 않는다.

특히 만일 다른 누군가 자신의 판단을 강요하거나 자신의 잘못을 지적하기라도 하면 일단 거부 반응을 보이고 때로는 몹시 분개하기도 한다. 그것은 각자 그 생각 자체의 값어치가 아니라 다른 사람에게 도전받는 자신의 자존심을 소중히 여기고 방어하기 때문이다.

우리는 자신이 진실이라고 습관적으로 생각해온 것을 언제까지나 믿고 싶어하는 경향이 있다. 따라서 그 신념을 뒤흔들려고 하는 것이 나타나기만 하면 적대시하게 되고 어떤 구실을 대서라도 그 믿음을 지키려고 하는 것이다.

결국 우리의 논쟁은 옳은 것을 찾는 것이 아니라 우리가 믿고 갖고 있는 것들을 옹호하기 위하여 그 논거를 찾는 노력인 것이다. 그래서 자신도 틀릴 수 있다고 인정하면 논쟁을 피할 수 있다. 도산 안창호 선생도 "내게 옳음이 있다면 남에게도 옳음이 있음을 인정하라"고 했다.

또한 자신이 옳고 상대편이 분명히 잘못했다고 하더라도 그 사람의 체면을 잃게 하면 곧 자존심에 상처를 주게 된다.

생떽쥐뻬리는 "누구에게나 그가 자신을 과소평가하게 하는 말이나 행동을 할 권리가 내게는 없다. 중요한 것은 내가 그 사람을 어떻게 생각하느냐가 아니라 그가 자신을 어떻게 생각하느냐이다. 사람의 존엄성에 상처를 주는 것이야 말로 죄악이다"고 일갈(一喝)했다.

진정한 리더는 논쟁에서 이기려고 하지 말고 상대방의 체면을 지켜 주어야 한다. 의기양양하게 상대방의 잘못을 지적할 수 있지만 그것은 자신에게 전혀 도움이 되지 않는다. 누구든지 상대방의 지적에 감동받기를 기대한다면 절대 오산이기 때문이다.

이미 상대방의 지적에 자존심이 심하게 상처받았기 때문에 그는 더욱 자기 의견을 고집하고 반격과 복수의 기회만을 호시탐탐 노릴 뿐이다.

'쇠문을 여는 것은 큰 힘이 아니라 작은 열쇠' 라는 것을 명심하자.

(5) 비난하지 말아야: 비난은 집비둘기와 같아

직장에서 사회생활을 하다 보면 상식으로는 도저히 이해 못할 사람이 한 둘이 아니고 도저히 납득이 안 가는 행동을 하는 사람을 만나게 될 때도 있다.

이때 대부분의 사람은 즉각 무시, 불평, 불만을 표하거나 비난으로 맞서

난세를 살아가는 직장인 처세술

게 된다.

사람을 무시, 비판하거나 비난, 불평이나 잔소리를 해대는 것은 누구라도 할 수 있다. 사람은 누구나 다른 사람을 비난하고 싶은 본성을 갖고 있고 때로는 유혹을 느끼고 재미삼아 남을 험담하기도 한다.

앞에서 말했듯이 사람을 대할 때 상대방을 논리적인 인간이라고 생각해서는 안 된다. 인간은 감정의 동물이며 게다가 자기중심적인 편견으로 가득차 있고 자기만의 자존심과 허영심에 따라 행동하는 피조물이다. 비난을 당하는 사람은 기본적으로 방어적인 태도를 취하게 됨으로 자신을 정당화하기 위해 안간 힘을 쓰게 된다.

정신심리학적으로 사람은 자신이 아무리 큰 잘못을 저지르더라도 그것을 제대로 인정하기 보다는 대개 아담^{Adam}처럼 남의 탓으로 돌리는 경향이 있다고 한다.

특히 재판을 받아 교도소에 수감된 범죄인조차 그들 대부분은 그럴 듯한 이유로 억울하다며 자신이 저지른 반사회적인 행동을 정당화하려고 하는 경향이 높다고 한다.

상대를 자주 비난하는 행동은 매우 위험한 불꽃놀이를 하는 것과 같다. 인간의 자존심이라는 화약고가 터지면서 솟아오르는 불꽃은 종종 생각지도 못할 방향으로 튀면서 사건을 일으키고 상대방을 모략하는 음모를 꾸미는 것은 물론 상대방의 목숨까지 앗아가기도 한다.

모로코 속담에 "말이 입힌 상처는 칼이 입힌 상처보다 깊다"는 말이 있다. 또 "역사가 시작된 이래 칼이나 총에 맞아 죽은 사람보다 혀끝에 맞아 죽은 사람이 더 많다"고도 한다.

따라서 어려운 이야기지만 리더의 역할을 훌륭히 수행하겠다면 될 수 있는 한 상대방이나 구성원의 좋은 점을 말하고 비난을 하고 싶을 때도 한번 더 참고 이해하려는 노력을 해야 한다.

왜냐하면 비난이란 한 인간의 소중한 자존심에 상처를 입히고 원한을 불러 일으켜 비난의 내용이 사실이냐의 여부를 떠나 인간관계에서 긴장과 대립구도를 만들기 때문이다.

데일 카네기는 인간관계의 중요한 원칙으로 "비난이란 집비둘기와 같다"는 것을 명심하라고 한다. '집비둘기는 언제나 자기 집으로 돌아오는 습성이 있기 때문에 의식적이든 무의식적이든지 한 번 내뱉은 비난이나 불평은 언젠가는 집비둘기처럼 비난한 사람에게 찾아 돌아온다'는 너무나 와 닿는 가르침이 아닌가 생각된다. 결국 비난을 하지 말라는 말이다.

성경(마태복음 7장 1~2절)에도 "비판을 받지 아니하려거든 비판하지 말

라. 너희의 비판하는 그 비판으로 너희가 비판을 받을 것이요 너희의 헤아리는 그 헤아림으로 너희가 헤아림을 받을 것이니라"고 기록하고 있다.

어떤 형태든 비난은 인간관계에서 좋지가 않다. 즉 '효과적인 비난이란 없다'고 말할 수 있다.

캐나다의 심리학자 한스 셀리Hans Selye는 "우리는 칭찬을 갈망하는 것 만큼이나 비난을 두려워한다"고 했다.

'비난을 즐겨하는 사람은 자기 발목에 사이드 브레이크side brake를 채우는 사람이다'고 할 수 있다. 아무리 성능 좋은 자동차라 할지라도 사이드 브레이크를 채운 상태에서는 액셀러레이터accelerator를 아무리 밟아도 차가 잘 나갈 수가 없듯이 비난을 즐겨하는 사람은 자기가 원하는 길을 원하는 시간에 갈수가 없다. 자기가 내뱉은 수많은 비난이 자기 발목을 잡기 때문이다.

링컨 대통령도 "한 통의 쓸개즙보다 한 방울의 꿀이 더 많은 파리를 잡을 수 있다"는 명언을 했다.

데일 카네기는 인간관계론에서 "꿀을 얻기 원한다면 벌통을 걷어차지 마라"고 강조했다.

비난 대신 칭찬과 인정어린 말과 관심의 언어로 사람들을 대하면 많은 사람들로부터 존경받는 인물이 될 것이다. 흔히 '칭찬은 고래를 춤추게 한다' 고 하듯이 '칭찬은 무쇠마저도 녹여 낸다'

따라서 어떤 조직의 리더가 되어 협력을 구하거나 갈등을 해결하고자 하는 성숙한 리더가 되려면 비난이나 비판, 불평을 가능한 하지 말아야 한다.

지나친 자기 주장과 비난보다는 관용과 인내심 그리고 상대방을 공대하는 마음가짐이 절대 필요하다. 어떠한 일이 있더라도 가능한 꾹 참아야 한다.

"연탄재 발로 함부로 차지 마라. 너는 누구에게 한 번이라도 뜨거운 사람이었느냐?"로 시작되는 안도현 시인의 '너에게 묻는다' 는 시(詩)도 매우 간명하지만 역시 남을 비난하기에 앞서 먼저 자기를 돌아보라는 매우 준엄하고도 연탄불 보다 더 뜨거운 가르침이리라.

남을 비난하기 보다는 자기 자신의 감정을 다스리다 보면 어느새 그것이 비난 보다 훨씬 유익하다는 것을 알게 되고 존경받는 리더도 될 수 있으리라.

갈등을 해소하는 리더십

(1) 갈등을 두려워하지 말아야: 갈등은 사람 수만큼 많아

'갈등(葛藤)'의 어원이 참 재미있다. '칡(葛)'과 '등나무(藤)'가 만나는데 서 '갈등'이 비롯된다.

갈등의 칡과 등나무는 모두 대를 휘감고 올라가는 성질이 있는데 칡은 반드시 오른쪽으로 감아 올라가지만 등나무는 이와 반대로 반드시 왼쪽으로 감아 올라가기 때문에 이 둘이 같은 나무를 타고 올라가게 되면 서로 목을 조르듯 얽히고 설켜서 풀어내기가 매우 힘들다는 의미에서 갈등이라는 단어가 나왔다.

갈등의 근원은 목적지는 같아도 서로 가는 방향이 다르기 때문이다.

이를 인생사에 비유해 갈등이 목표나 이해관계가 서로 달라 적대시 하

거나 충돌하는 의미가 되었으니 참으로 재미있고도 의미심장한 표현이라고 할 수 있다.

식물도 이러하듯 인류의 역사도 갈등의 역사다. 사람이 사는 어느 조직에는 갈등이 존재한다. 무슨 조직이든지, 크든 작든, 친목 단체든, 일을 위해서 만든 회사이든 사람들이 많아지면 많아질 수록, 오래되면 오래될수록 갈등은 생겨나기 마련이다.

또한 그 갈등은 똑같은 경우가 없다. 갈등의 출발점은 사람과 사람과의 관계에서 오기 때문에 이 땅에 사는 사람들의 수만큼 갈등도 많고 형태도 다양할 수 있다. 인간은 누구나 자신의 눈으로 상대방이나 세상을 보게 되어 있기 때문이다

인류의 역사는 이 갈등을 어떻게 풀어왔느냐의 역사로 봐도 과언이 아니다. 갈등이 없었다면 오늘날과 같은 문명의 발달도 없었는지도 모른다.

그런데 어떤 사람은 자주 이런 사실을 잊고 마치 자기 조직에서는 갈등이 없어야 한다고 생각한다. 더불어 살아가야 하는 공동체나 조직에 갈등이 없어야 한다는 것은 환상이다. 살아있는 공동체라면 어디든 갈등이 있을 수밖에 없다.

갈등과 대립은 조직이 살아 있다는 증거이기도 하다. 갈등과 대립은 서

로에게 관심이 있기 때문에 생겨나기 때문이다.

문제가 없는 것이 문제라는 얘기가 있다. 조직과 공동체에 갈등이 전혀 없다는 것은 바꾸어 말하면 서로에게 무관심하고 냉정하다는 말과 같다.

갈등이 없다면 어쩌면 리더의 존재도 필요치 않을 것이다. 갈등이 없다면 일사분란(一絲不亂)해질 수는 있으나 결국에는 다양성의 부족으로 종(種)의 퇴화를 가져 올 수도 있다.

갈등은 인간의 보편적 특성이지만 갈등을 해소하려는 노력 또한 인간의 특성이다.

리더는 갈등을 보는 시각부터 바꿔야 한다. 리더의 착각은 자신의 조직에서는 어떤 갈등도 있어서는 안 된다는 생각이다. 리더는 갈등을 접할 때 '그것이 바로 자신이 거기 있는 이유로구나' 라는 긍정적인 생각으로 받아들인다면 갈등 해결이 한결 쉬워질 수 있다.

리더는 갈등을 두려워해서는 안 된다. 리더는 조직내 갈등이 생겼을 때 처음부터 큰 겁을 먹거나 호들갑을 떨지 말고 조용히 갈등의 진원지를 파악하고 적절한 때에 해결에 나서야 한다.

또 갈등은 무조건 나쁜 것이라는 부정적 시각에서 출발해 최대한 조기에 해결해야 한다는 강박관념으로 서두르다 보면 오히려 더 큰 갈등을 부추기기도 한다.

갈등conflict은 '충돌하다, 부딪히다' 라는 뜻의 라틴어 'confligere'에서 유래했듯이 두 물체가 충돌하면 에너지가 생겨난다.

그러므로 갈등 때문에 충돌이 일어난다면 에너지가 생겨나고 있다는 긍정적인 표시로도 볼 수 있다. 갈등은 우리의 에너지를 빼앗는 것이 아니라 오히려 충돌을 통해 새로운 에너지를 만드는 셈인 것이다.

갈등이 일어나면 성급하게 누가 갈등을 일으켰는지를 찾아 단죄하려고 하기 보다는 바로 이 갈등 상황을 정확히 파악하는데 힘쓰되 이 갈등에서 어떤 에너지를 얻어 활용할 수 있을까를 생각할 필요도 있다.

어쨌든 갈등없는 조직이나 갈등없이 피어나는 삶은 없고 대부분의 갈등은 소통 부족에 그 원인이 있다고 할 수 있다. 따라서 조직 내 갈등을 해결해야 하는 리더는 평소에 조직원이 각각 어떤 성향을 갖고 있으며 어떤 말이나 행동의 습관이 있는지 유심히 살펴봐야 한다.

모든 갈등이 해결될 수 있는 갈등은 아니다. 하지만 적어도 조직원이 자신의 갈등을 얘기할 수 있고 그 갈등을 들어주고 이해해 주며 공유할 수 있는 분위기와 시스템만 갖추고 있다면 그것만으로도 훌륭한 해결 방법이 될 것이며 즐거운 조직이 될 것이다.

특히 조직원들이 스스로 갈등 해소의 능력을 갖추도록 역량을 키워 주어야 하는 게 리더의 역할이고 리더십의 발휘인 것이다.

(2) 자신의 잘못은 인정해야: 사과(Apology)는 리더의 언어

사람들은 대개 자기 잘못을 인정하기 싫어한다. 특히 리더가 될 수록 더 어려운 것 같다. 자신의 실수를 인정하면 무능력한 리더로 비춰질 것으로 생각하기 때문이다.

모든 사람들은 불안을 극복하고 불안에 압도되지 않도록 자기를 보호하려는 심리를 본능적으로 가지고 있다. 목표 달성의 좌절, 갈등, 불안, 충격적인 사건 위협 등 어려운 상황에 직면할 때마다 무의식적으로 자신을 보호하려고 하는데 심리학자들은 이와 같은 자기 방어적 반응 행동을 '방어기제Defense Mechanism' 라고 한다.

'방어기제'는 인간이 자신을 보호하려는 당연한 본능 일수도 있다. 그러나 인간관계에서 너무 자신만을 보호하려다 보면 오히려 역효과를 불러 일으킬 수 있다.

자신에게 아무런 잘못이 없는 경우에는 어느 정도 자신을 방어할 필요가 있지만 때때로 어떤 사람들은 자신의 잘못이 명백한 데도 계속 자신을 합리화 시키면서 타인에게 잘못을 떠넘기려고 하는 경우도 한다.

영국 정치계 보수당의 아버지 벤자민 디즈데일리Benjamin Disraeli는 "이 세상에서 가장 어려운 것 중 하나는 스스로 잘못했다는 것을 인정하는 것이다. 나쁜 상황에 처했을 때 솔직히 잘못을 인정하는 것보다 도움이 되는 것은 없다"고 했다.

또 프랑스의 정치인 샤토브리앙Chateaubriand은 "자기 과오를 인정하는 것처럼 가벼워지는 일은 없다. 또 자기가 옳다는 것을 인정받으려고 안달하는 것처럼 무거운 일도 없다"고 했다.

리더가 실수를 자주 해서는 안 되겠지만 때에 따라 실수가 생기면 이 실수를 인정하고 받아들이는 모습이 좋은 결과를 가져다주기도 한다. 이는 리더가 올바른 피드백을 받아들일 의지가 있다는 인간적인 모습을 보이는 것이고 그것이 사람의 마음을 움직일 수 있기 때문이다.

사람은 완벽해지길 원하지만 완벽한 사람처럼 매력 없는 사람도 없다.

실수를 인정하는 것은 무능함의 탄로가 아니라 때로는 인간적인 매력을 더해 주기도 하기 때문이다.

미국 오바마^{Barack Obama} 대통령은 지난 2008년 첫 대통령 선거 후보시절 한 여기자에게 애인이나 가까운 친구에게 쓸 법한 '스위티^{sweetie}'란 표현을 써서 구설수에 올랐다. 그러나 뒤늦게 실수를 깨달은 오바마는 여기자에게 전화를 걸었고 통화가 되지 못하자 이 여기자에게 음성 메시지로 자신의 실수를 인정하고 사과하는 말을 남겼다.

오바마는 또 대통령에 당선 후 자신의 정치적 대부로 불리는 톰 대슐^{Tom Daschle} 보건장관 내정자와 백악관 최고 성과 책임자로 임명한 낸시 킬리퍼^{Nancy Killifer} 등이 모두 탈세 의혹으로 낙마하자 "내가 일을 망쳐놓았다^{I screwed up}"는 표현까지 써가며 자신의 실수에 대해 적극적으로 사과했다.

오바마는 "책임의 시대에는 실수하지 않는 것이 아니라 실수를 인정하고 다시는 그런 실수를 하지 않도록 하는 것이며 우리는 그렇게 할 것"이라고 말해 성완종 게이트 때에도 그랬지만 각종 추문과 비리에도 사과에 인색한 우리나라 정치인들의 태도와 크게 대비가 된다.

『효과적인 사과』^{Effective Apology}의 저자 존 케이더^{John Kador}는 "사과^{Apology}는 더 이상 약자나 패자의 변명이 아니라 '리더의 언어다'라고 강조했다. 또 사과를 할 때 인간은 가장 인간다워지고 일상생활에서 쓰고 있던 가면을 벗고 진실한 얼굴을 하게 된다"고 했다.

특히 사과^{Apology}가 좋은 것은 '무료'라는 것이다. 이런 측면에서 오바마는 '사과가 패자의 언어가 아닌 리더의 언어'란 점을 실천으로 보여준 것이다.

오바마 대통령과 같이 자신의 잘못과 실수를 인정할 수 있는 리더는 같은 실수와 잘못을 반복하지 않을 것이다. 누구든지 사과를 통해 성장하는 리더가 되고 실수를 인정하는 용기와 인간성으로 오히려 협력을 얻어 낼 수 있는 리더가 될 수가 있다.

(3) 타인을 이해해야: 상대방 입장에서 사물을 보는 것이 성공비결

미국의 포드 자동차 설립자인 헨리 포드Henry Ford는 "이 세상의 성공 비결이란 것이 있다면 그것은 타인의 관점을 잘 포착해 그들의 입장에서 사물을 볼 수 있는 재능이다"고 했다.

누군가 자신에게 화를 낼 때 상황을 합리화시키는 가장 쉬운 방법은 바로 상대방에게 문제가 있다고 치부해 버리는 것이다. 그러면 모든 것이 간단하게 정리된다.

선거판의 경우 줄곧 1등으로 잘 나가던 후보도 경쟁자들과의 갈등을 해결하지 못하면 막판에는 여러 후보들이 단합해 반(反) 1등 후보 연합전선을 형성해 대항함으로써 결국은 다른 후보가 당선되는 경우를 가끔 보기도 한다.

갈등 해결의 가장 기본이면서도 필수적인 요소가 바로 상대방에 대한 이해이다. 이해가 없으면 서로 무관심해지고 쉽게 싸우게 되며 결별이 시작된다. 만약 사람들과 손을 잡고 무엇인가 일을 하고 싶다면 무엇보다 먼저 타인을 이해하는 자세를 몸에 지녀야 한다.

한 심리학자는 "인간이 타인의 이해를 구하는 것은 꽃이 태양의 빛을 필요로 하는 것과 같다"고 말했다.

이해하는 것은 무척 중요하다.
사람들은 누구나 이해받고 싶어하기 때문이다.

특히 조직이나 그룹 또는 가족 내에서 리더의 역할을 하고 싶거나 해야 하는 경우 팀원에 대한 이해 없이 리더의 독단적인 결정만으로 이끌어 나가는 팀은 오래가지 못한다.

협력을 얻어내는 진정한 리더가 되고 싶다면 우선 자신이 속해 있는 조직이나 팀의 구성원들이 어떤 생각을 하고 있는지 어떤 바람을 갖고 있는지를 알고 이를 이해하는 일이 최우선이다.

(4) 상대방을 높여줘야: 사람은 돈보다 감동에 움직여

인간은 누구나 어느 곳 어느 조직에서든지 중요한 존재이고 싶어 한다. 누구나 다른 사람으로부터 칭찬받기를 원하고 자신의 진정한 가치를 인정받기를 원한다.

자신이 주변인에게 하대(下待) 받길 원하는 사람은 세상 천지에 아무도 없다. 상대가 나를 낮추는 것이 싫은 만큼 상대방도 마찬가지이다.

또 사람은 돈에 의해 움직이는 경우보다 감동에 의해서 움직일 때 더욱 적극적인 행동을 보이게 된다.

한 증권회사는 성과가 좋은 애널리스트Analyst에게 금전적 인센티브를 계속 주어왔으나 돈을 준다고 해서 마냥 성과가 계속 좋아지지는 않고 어느 시점에 가서는 성과가 떨어졌다고 한다.

그래서 돈과 같은 외재적 인센티브 보다는 구성원을 우리 조직에 꼭 필요한 사람이라고 인정하고 격려하는 내재적 인센티브를 많이 제공해 주는 것이 더 중요하다는 결론을 냈다고 한다.

이와 같이 사람에게 감동을 주고 사람을 움직이는 가장 큰 원천은 인간적인 평가와 신뢰이다. 자기 자신을 인정해주고 믿어주는 사람이 있을 때 그리고 그것을 느끼게 되었을 때 사람은 감동하게 된다.

이것이야말로 인간과 동물을 구별하는 기준일 것이다. 인간이 문명을 발전시킨 것도 바로 이러한 욕구를 지니고 있기 때문이다. 이 답을 대인관계에도 적용하면 매우 중요한 원칙이 하나 생긴다.

이 원칙만 잘 지키면 우리는 인간관계에서 발생하는 모든 문제를 해결할 수 있다. 실제로 이 원칙을 지키기만 하면 많은 친구를 얻을 수 있고 훌륭한 리더가 될 수 있다

예수님은 이 원칙을 마태복음 7장 12절을 통해 "남에게 대접을 받고자 하는 대로 남을 대접하라"고 말씀하셨다.

상대방의 존재감을 높여야 하는 것이다. 설사 경쟁 관계에 있다 하더라도 상대방을 귀하게 대해줘야 스스로를 높일 수 있는 것이다. 아주 단순한 원칙이나 이 원칙을 어기면 끊임없이 문제에 당면하게 되고 갈등을 경험하게 된다.

사람은 누구나 자존심이 있으며 다른 사람으로부터 존중과 관심을 받고 싶어 한다. 따라서 누구든지 남으로부터 존귀히 여김을 받고 싶다면 먼저 남을 존중해야 한다. 남의 자존심을 해치는 행위는 인간관계의 불협화음을 초래하는 주된 원인이다.

남의 자의식에 상처를 입히고 그 상처에 소금을 뿌리면서 그와 친구가 되길 기대해서는 안 된다.

인간관계에서 가장 이상적인 관계는 '적을 친구로 바꾸고 남과 자신을 모두 이롭게 하는 관계'이다. 만약 적대감으로 인하여 고민하고 있다면 자신이 먼저 욕심을 버리고 상대방에 대한 관심과 존경의 표시로써 어떤 식으로든 그에게 도움을 요청할 필요가 있다.

특히 남을 만족시키는 두 가지 기본 조건, 즉 존대감과 칭찬을 통하여 상대방의 자의식을 고양시키고 자신이 얻고자 하는 것을 얻을 수가 있다.

그런 차원에서 유대인 어머니가 결혼을 앞둔 딸에게 보내는 편지 형태의 탈무드 이야기는 매우 인상 깊다.

"사랑하는 딸아,
네가 남편을 왕처럼 섬긴다면 너는 여왕이 될 것이다. 만약 남편을 돈이나 벌어오는 하인으로 여긴다면 너도 하녀가 될 뿐이다. 네가 지나친 자존심과 고집으로 남편을 무시하면 그는 폭력으로 너를 다스릴 것이다. 만일 남편의 친구나 가족이 방문하거든 밝은 표정으로 정성껏 대접하라. 그러면 남편이 너를 소중한 보석으로 여길 것이다. 항상 가정에 마음을 두고 남편을 공경하라. 그러면 그가 네 머리에 영광의 관을 씌워줄 것이다."

(5) 자제력을 길러야 : 자제력 없는 리더는 브레이크 고장난 자동차

세상을 지배하고 있는 자는 단지 힘이 센 자가 아니라 자신의 욕구를 자제할 줄 아는 자다.

지속적인 노력과 단련을 통해 자신의 생각과 말 그리고 행동을 통제할 수 있는 사람이 리더이고 세상을 지배할 수 있는 가장 강력한 무기를 가진 자이다.

남하고 싸우는 일도 힘이 들지만 자기 자신과의 싸움이 더 힘든 싸움이다. 자제력으로 자기 자신을 이기는 것이야말로 가장 놀라운 승리이다.

간디Gandhi는 특유의 내성적인 성격에서 비롯된 신중함과 자제력으로 인도 독립의 아버지가 될 수 있었고 21세기 최고의 투자가인 워런 버핏Warren Buffett 역시 "성공적인 투자를 위해 가장 필요한 것은 지능지수가 아닌 자제력"이라는 명언을 남겼다.

성경(잠언 16:32)도 말한다. "노하기를 더디하는 자는 용사보다 낫고 자기의 마음을 다스리는 자는 성을 빼앗는 자보다 나으니라."

자제력을 잃은 분노(憤怒)는 돌이킬 수 없는 범죄를 범하기도 한다. 충동적인 기분이 들 때 조급함을 다스릴 수 있다면 어려운 일에 처했을 때 침착

하게 맞설 수 있다면 우리는 인생에서 많은 것을 얻을 수도 있고 적어도 많은 것을 잃어버리지 않을 수 있다.

특히 갈등을 해소하려는 리더는 스스로를 다스릴 수 있는 절제의 힘, 자제력을 길러야 한다. 리더가 자제력이 부족하면 자신에게도 해를 끼칠 뿐 아니라 조직과 상대방에 악 영향을 미치며 결국 갈등을 만들어 낸다.

대인관계에서 자제력을 유지하기 위해서는 무엇보다도 자기내면에 활활 타오르는 분노의 활화산을 가라앉혀야 한다. 자기감정과 언행에 대한 통제력을 잃게 만드는 분노는 어리석음에서 시작돼 후회로 끝나게 된다.

사람은 분노를 가라앉히기 위해 여러 가지 방법을 시도하지만 분노는 마음속에서 일어남으로 마음속에서 해결책을 찾아야 하는데 이를 위해서는 자제력을 키워야 한다.

자제력이 없는 리더는 마치 브레이크가 고장 난 자동차를 끌고 내리막 길을 달려가는 무모한 운전자와 다를 바가 무엇이겠는가?

스스로를 자제할 줄 하는 사람은 어느 조직이든 중요한 자리의 주인이 될 수 있다.

3장

팔로워 십

①

팔로워, 그들은 누구인가?
제대로 된 팔로워 십은 리더십보다 더 어려워

우리 사회는 지금 리더십에 너무 골몰한 나머지 팔로워 십[Follower Ship]을
간과하고 있는 듯하다.

많은 사람들이 팔로워[Follower] (리더를 따르는 사람, 조직 구성원)라는 단어에
본능적으로 불편함을 느낀다.

기본적으로 리더[Leader]와 팔로워[Follower]는 동전의 양면이고 긴밀한 협력자
이다. 팔로워 없는 리더가 없고 리더 없는 팔로워 또한 존재하지 않는다.
한마디로 어느 한 쪽만 강조할 수 없는 것이다.

특히 혹자는 이미 '리더십의 종언(終焉)'과 '리더십의 종말(終末)'을 이야
기하기도 했다. 똑똑하고 강력한 리더가 모든 것을 끌고 가던 시대는 이제

끝났다는 것이다.

그러나 리더십의 종언이나 종말은 리더가 필요하지 않다는 말이 아니라 팔로워와 뜻을 같이 하는 리더와 조직만이 살아남는다는 결론에 도달한다는 것이다.

지금은 똑똑한 팔로워가 세상을 바꾸는 시대다. 팔로워들이 리더와 소통하고 리더를 지지할 것인지 말 것인지를 결정하는 시대가 된 것이다.

사실 한국 프로야구계에서 이러한 사상 초유의 일이 일어난 것을 우리는 이미 목도(目睹)했다.

야신(野神) 김성근 감독이 한화 이글스의 10대 감독으로 지명된 사건이 그 예(例)로 예전 같으면 전혀 생각지도 못한 일이다. 팔로워인 프로야구 팬들이 감독을 지명하고 리더인 구단이 이례적으로 그 뜻을 따른 것이다.

이 사태를 단지 "팬들의 힘으로 감독이 바뀌다니?"라며 그냥 놀라운 일로만 봐서는 안 된다. 그야말로 리더십의 종말을 떠오르게 하는 것이다. 이 같은 현상이 가능한 것은 미디어의 급격한 발전과 변화로 지금은 SNS로 많은 소통이 이뤄지고 있고 교류가 활발해지게 된 것을 가장 큰 이유로 꼽을 수 있다.

한마디로 리더가 팔로워들이 원하는 것이 무엇인지를 미리 알아내고 이에 따라야 하는 시대가 된 것이다.

이제 배워야 할 것은 팔로워 십이다. 팔로워 십은 리더가 되기 위한 일련의 과정이기 때문이다.

팔로워는 누구나 리더를 꿈꿀 수 있다. 또 팔로워는 누구나 리더가 될 수 있다. 그러나 리더가 되고자 한다면 팔로워로서의 역할을 잘 수행해야 하고 탁월한 면모를 인정받아야 한다.

고대 그리스 철학자 아리스토텔레스Aristoteles는 "남을 따르는 법을 알지 못하는 사람은 좋은 지도자가 될 수 없다"고 했다.

여러 면에서 제대로 된 팔로워 십은 리더십보다 더 어려운 것이다.

리더를 돕는 사람들

(1) 헬퍼(Helper)와 팬(Fan) : 모든 판단의 기준이 리더? 조직?

어느 조직이든 리더의 바로 옆에서 리더를 돕는 사람들이 있는데 이를 흔히 스텝Staff이라고 말하고 이 스텝들도 '리더와 조직에 대한 친밀도'에 따라 '팬Fan' 과 '헬퍼Helper' 로 나눌 수 있다.

그 구분이 모호하고 힘들 수도 있고 무슨 의미가 있겠냐는 생각도 들지만 그들이 쓰는 말과 행동을 보면 누가 팬이고 헬퍼인지 알 수가 있다.

'팬' 들이 주로 많이 하는 말은 "우리 리더가, 우리 회장님이, 우리 목사님이, 우리 오야붕(親分, おや-ぶん)이 원하는 것은 이것이니까 이걸 해야돼. 또는 리더나 오야붕이 무슨 생각을 할까?"하고 조직의 온 신경망을 동원해 마냥 거기에만 맞추려고 한다.

그야말로 모든 판단 기준의 출발점과 끝이 '리더의 관심'이고 '사장님과 회장님의 관심'인 것이다.

이런 조직은 얼핏 보면 충성도가 매우 높은 집단이라 리더를 중심으로 일사불란하게 움직임으로 생산성과 효율성이 높아 크게 성장할 것으로도 생각된다.

그러나 이런 사람이 많은 회사는 주요 업무의 주도권을 능력과 전문성을 가진 사람보다는 리더와 독대 횟수가 많은 사람이 가지게 되면서 조직의 위기가 생각보다 빨리 닥쳐 올수 있다.

반면에 '헬퍼'들이 자주 하는 말은 "이것이 우리 조직의 목표와 비전, 발전과 어떤 관계가 있는 것인가? 또 이것은 우리 조직에 도움이 되겠는데, 아니면 위험한 일인데?"라는 등 리더와 오야붕의 관심보다는 기본적으로 조직에 더 초점을 맞춘다.

이것은 리더와 오야붕을 등한시 하는 것이 아니라 조직을 중심으로 생각하고 전략을 펼치는 것이 궁극적으로는 자신이 모시고 있는 리더를 위하는 것이라고 판단하기 때문이다.

이런 의미에서 정상적인 건강한 조직이나 리더에 진정으로 필요한 사람은 팬Fan이 아니라 헬퍼Helper인 것이다. 또 리더가 헬퍼를 둘 때에는 반드시 경계해야 할 점이 있다. 헬퍼도 팔로워 바이러스에 감염될 수도 있기 때문이다.

팔로워 바이러스 중 가장 큰 특징은 '리더의 심중'을 이용하는 것이다. '리더의 생각이 이렇다'고 말하면서 자신의 생각과 의견을 관철시키는 것이다. 결국 리더에 대한 잘못된 정보를 전달하거나 리더를 팔아서 리더의 권위를 떨어뜨리거나 리더와 팔로워들의 사이를 멀어지게 만든다.

팔로워 바이러스에 감염된 이런 헬퍼들은 자신이 한직(閑職)으로 밀려나가거나 좌천(左遷) 인사를 당하는 등 막장에 가면 "내가 어떻게 모셨는데 여기서 물러나라고, 어떻게 세운 권력이고 어떻게 만든 정부인데 나를 이렇게 대하다니?"하는 식으로 자신이 리더를 만든 사람으로 자리매김하려고 하거나 리더를 조종하려고 한다.

그쯤 되면 그들은 더 이상 리더를 돕는 사람이 아니다. 변질된 팔로워십의 전형을 보여 주는 것이라고 하겠다.

당신은 헬퍼인가, 팬인가? 우리 모두 자문(自問)할 필요가 있지 않을까.

(2) 페이스 메이커(pace maker): 같이 가면 멀리 갈수 있어

TV를 통해 마라톤 경기를 보다 보면 무명선수가 유명 선수들과 나란히 레이스를 하거나 선두에서 앞서 나가며 질주를 해 '뉴 페이스New face' 인가 싶어 탄성도 지르고 좋은 결과를 기대하고 싶은 마음에 조바심을 갖게 된다.

그러나 이들은 반환점을 돌고 난 후 보통 전체의 3분의 2지점을 지나다 보면 기권을 해서 화면에서 사라지고 안 보이기도 한다. 혹 끝까지 완주 하더라도 상당히 뒤처져 들어오는 경우가 대부분이다. 마라톤을 잘 모르는 사람들은 이들이 초보자이거나 페이스 조절에 실패해서 초반에 지나치게 무리해서 뛰다가 나중에 포기한 것으로 착각한다.

그들은 초보자여서가 아니라 주전 마라토너의 속도를 조절해 주기 위해 전략적으로 투입된 전문 마라토너란 사실이다.

마라톤 전문가들은 이들을 '페이스 세터Pace Setter' 또는 '페이스 메이커Pace Maker' 라고 칭한다. 이 선수들의 미션Mission은 개인의 입상을 목표로 하기 보다는 팀과 동료의 더 나은 기록을 유도하거나 우승 가능한 동료가 최상의 경주를 펼칠 수 있도록 돕기 위해 일정 구간을 일정한 속도로 같이 뛰어 주는 것이다. 페이스 메이커가 있기에 도움을 받은 선수들이 더 좋은 성적을 올리거나 우승도 할 수 있는 것이다.

필자도 우연하게 시각장애우의 풀코스^{Full Course}페이스 메이커 역할을 한 적 있는데 그날 나는 무척 힘들어서 중도에 그만 두고 싶은 마음이 들었으나 앞이 안 보이는 장애우도 저렇게 달리는데 멀쩡하게 두 눈 뜬 놈이 중도에 그만 둘 수 없다는 생각에 구령을 힘차게 부쳐가며 그의 팔목과 나의 팔목을 묶은 끈을 잘 이끌면서 마침내 완주한 적이 있다.

간혹, 삶이 힘들때면 그때 같이 달리던 사진을 보곤 하는데, 내가 그를 도왔다기보다는 어쩌면 내가 그 시각장애우 덕분에 완주기록을 하나 더 추가 했으며 특히 비교적 좋은 성적(4시간 12분)을 기록하게 됐다고 고백한다.

또한 '혼자 가면 빨리 가나, 같이 가면 멀리 갈 수 있다' 는 아프리카 속담의 의미를 몸소 깨닫기도 했다.

세상 모든 사람들이 인생이란 나그네 삶을 살아갈 때 '페이스 메이커^{Pace Maker}' 나 '피스 메이커^{Peace Maker}' 가 되어 서로를 도와주며 달려가는 선한 경주를 하면 얼마나 좋을까?

나처럼 살아가는 직장인 제세술

4장

성공하는 팔로워 십

좋은 팔로워가 좋은 리더가 된다:
직장인에게 충성심은 오래 사는 길잡이

탁월한 리더십 뒤에는 현장의 유능한 팔로워들이 반드시 존재한다. 하지만 리더를 섬기는 일이 말처럼 그리 쉽지 않다.

시키는 일만 수동적으로 하고 마는 팔로워는 스스로 노예계약을 맺어 상하관계에 놓인 '하인(下人)'으로 전락시키는 것이나 다를 바 없다.

직장생활에서 대부분의 리더들은 자기 직원들이 좀 더 적극적인 자세를 취하길 원한다. 언제 무슨 일을 시켜도 마음에 들 정도로 해낼 준비가 되어 있어야 한다는 말이다.

팔로워는 리더가 본인의 임무를 충실히 이행할 수 있도록 가장 가까이에서 든든한 조력자이자 동반자로서 역할을 수행해야 한다. 이를 위해서 팔로워는 리더의 관심사항이 무엇인지 파악해야 하는 것은 물론 리더와 함께 할 공동의 목표와 일에 대한 열정을 공유할 수 있어야 비로소 훌륭한 동반자가 될 수 있는 것이다.

특히 좋은 팔로워가 되기 위해서는 충성도가 꼭 필요하다. 리더나 조직에 제대로 된 충성심이 없는 직장인은 장기적으로는 최고 직위의 관리자로 성장하기 힘들다고 할 수 있다. 충성심 없는 탁월함이란 언제 어떤 형태의 비수(匕首)가 되어 조직과 리더에게 위해를 가할지 모르기 때문이다.

직장인에게 충성심은 오래 사는 길잡이인 것이다. 물론 충성심과 함께 어떤 일이라도 해결할 수 있는 문제 해결 능력까지 갖추면 금상첨화(錦上添花)이다.

리더를 잘 섬기는 것은 팔로워의 선택사항이 아니다. 그것은 팔로워의 당연한 역할이고 조직에서 팔로워에게 부여한 의무이자 업무이다.

리더를 섬기라는 것은 리더의 기분이나 맞춰주고 재롱을 떨라는 것이 아니다. 팔로워는 리더의 지도력을 뒷받침해 주고 리더의 의욕을 고취시키는데 쓰임 받아야 한다. 리더가 빛을 발해야만 팔로워도 빛날 수 있기 때문이다.

❷

직장 상사를 최우선 고객으로 모셔야:
회사는 상사의 눈에 비친 부하의 모습이 전부

모든 길은 로마로 통하지만 직장 생활의 모든 것은 직장 상사로 통한다.

유능한 인재가 직장을 관두는 이유가 상사 때문이고 월요일 아침에 직장에 나가기 싫은 이유도 상사 때문이기도 하다.

훌륭한 상사가 훌륭한 직장을 만든다는 말도 있다. 모두 직장생활에서 상사가 차지하는 비중과 의미가 그만큼 크다는 말이다.

이런 의미에서 회사나 조직에서 성공하고 싶은 직장인의 첫 번째이자 최우선 고객VVIP은 '직장상사'라고 할 수 있다.

기본적으로 직장상사는 '고객'이나 '바람난 애인'과 비슷한 성향을 갖고 있는 것으로 평할 수 있다고 할 수 있다.

고객은 항상 더 좋은 제품, 더 낮은 가격, 혹은 더 나은 서비스를 찾는 습성이 있어 새로운 제품이나 좋은 서비스를 발견하게 되면 가차 없이 돌아선다.

바람난 애인도 마음을 한 곳에 두지 못하고 감정을 사로잡는 새로운 이성이 나타나면 그 주변을 기웃거리는 등 언제 어떻게 변할지 모르는 특성이 있기 때문에 고객과 바람난 애인은 비슷한 면이 있다고 볼 수 있다.

직장 상사도 평소에는 부하직원들과 농담도 하고 밥도 먹고 술도 마시면서 친하게 지내가다도 결정적인 순간에는 회사의 눈으로 냉정하게 판단한다.

회사의 눈에는 상사의 눈에 비친 부하의 모습이 전부다. 부하의 자리는 오로지 상사의 손에 달려 있는 것이다

직장생활을 하는 한 상사는 부하가 가는 길목마다 문지기처럼 서있고 그림자처럼 따라 다닌다.

따라서 직장생활에서 부하직원은 날마다 평가를 받고 있다고 생각해야 한다. 정기적인 인사고과에 의한 것 뿐만 아니라 상사들 간의 일상적인 대

화를 통해서도 늘 평가를 받고 있는 것이다. 거기서 좋은 평가를 받느냐? 아니냐에 따라 부하의 평판과 미래가 결정된다.

좋은 인사고과를 잘 받으려면 부하는 상사의 기준과 기호에 맞게 일을 해야 한다. 부하가 자신의 기준으로 일을 열심히 하고 완벽하게 처리하는 것은 별 의미가 없다. 결국 부하는 직장상사를 최우선 고객으로 섬겨야 하는 것이다.

직장 상사를 최우선 고객으로 모시기 위해선 상사와 가능한 자주 접촉하면서 상사가 무엇을 중요하게 생각하고 어떤 것을 기대하는지 확인해야한다.

직장에서 똑똑하다고 승진하는 것이 아니고 일을 잘 한다고 해서 승진이 보장되는 것이 아니다. 승진자의 대부분은 상사와 원만한 사람이다. 주어진 업무도 잘 처리하면서 상사와 원만한 관계를 유지하는 것이 승진의 지름길이다.

❸
상사에게 어설픈 충신 흉내는 내지 말아야:
역린(逆鱗)을 건드리지 않고 용을 타고 놀 수 있는
재주와 기술을 가져야

직장생활에서 부하는 대개 묵묵히 순종하는 모습이 기대된다.

특히 거대한 조직의 최고 리더인 CEO의 계획에 감히 의문을 제기하는 부하는 아무리 좋게 봐야 용감한 직원이고 나쁘게는 천지분간도 못하는 멍청이로 간주될 수 있다.

그러나 늘 복종으로만 일관하는 부하는 거의 무가치하고 때로는 리더에게 위험하기 짝이 없다. 힘든 이야기지만 제대로 된 부하는 꼭 필요할 때 상사에게 바른 말을 할 줄 알아야 한다.

간부는 바른 말을 해야 한다. 바른 말을 하는 데도 회사정책에 반대하는 발언을 한다고 간부를 질책하는 CEO가 있는데 간부가 바른 말을 하지 않는다면 누가 하겠느냐?

그러나 조직사회에서 가장 위험하고 민감한 부분이 바로 직언(直言)이다. 흔히들 직언하는 사람을 충직(忠直)한 팔로워로 높이 평가한다.

하지만 그것은 어디까지나 교과서적 이야기다. 정말 주의해야 한다. 리더들마다 말로는 '염려하지 말고 솔직하게 평가해 달라'고 하지만 실제로 쓴 소리를 해 보라. 점점 그 팔로워를 멀리 하게 되는 게 현실이다.

또 상사에게 시도 때도 없이 비장한 얼굴로 바른 소리를 하는 사람은 자기만족에 빠질 수는 있겠으나 결과적으로 직장생활을 그르친다. 이 세상 모든 상사는 감정을 지닌 사람이고 '지적'을 싫어한다. 누구에게나 약은 입에 쓰기 때문이다.

특히 상사에게 상식을 강조한다거나 도덕적인 것을 어필하는 것은 결코 좋은 것이 아니다. 상사들도 옳은 것과 그른 것을 구별할 줄 안다. 다만 그 나이와 직급에 이르기까지 습관과 버릇을 지속해 왔기 때문에 부하로부터 지적받는다고 해서 당장 반성하고 고치는 것을 기대하기가 어렵다.

대개의 상사들은 자신의 잘못을 알고서도 체면과 위신, 버릇, 고집을 고치지 못하는 일들이 많기 때문에 직언하는 부하는 상사의 미움만 살 우려가 있다.

만약 꼭 직언을 해야 한다면 직언을 들어야 하는 상사의 마음과 입장을 잘 고려해야 한다. 현명한 직장인이라면 상사가 받아들일 수 있는 수준에서 의견 제시를 하는 것이 바람직하다.

직언이나 충언을 할 장소와 때 표현법 등에도 세심한 신경이 필요하다. 특히 상사가 말을 해 보라고 할 때에도 술자리와 같이 여럿이 함께 모인 장소는 피해야 한다. 그런 장소는 침묵하는 것이 좋다.

직언을 할 때 상사의 얼굴이 경직되고 표정이 일그러지는 등 반응이 별로 좋지 않을 때에는 그 선에서 그치는 게 낫다. 왜냐하면 단지 직언을 했다는 사실이 중요한 게 아니라 리더가 그 직언자를 고맙게 생각하고 그것을 수용하는 게 중요한 것이 아닌가?

또 자칫하면 비평만 하는 훈수꾼으로 비쳐질 수도 있으니 직언이나 고언을 할 때는 상사와 회사에 대한 무한한 애정과 충정을 담아 말해야 한다.

상사와 같은 방향으로 바라보고 있다는 것을 상사가 충분히 알도록 하면서 머리가 아닌 가슴으로 말해야 직언이 성공할 수 있다.

물론 직언의 내용도 부하 개인의 호불호(好不好)나 풍문(風聞)에 의한 것이 아니라 사실에 근거한 시시비비(是是非非)를 이야기해야 한다.

특히 누구에게나 절대 언급해서는 안 될 예민한 역린(逆鱗)은 건드리지 않는 게 좋다. 아랫사람이 진언하지 말아야 할 부분도 있는 것이다.

유능한 팔로워는 역린을 건드리지 않고도 꼭 해야 할 말은 하되 용(龍)과 친하게 지내면서 용을 타고 놀 수 있는 재주와 기술을 가져야 한다.

중요한 것은 상사에게 한 번의 효과적인 직언을 하기 위해 평소 열 번 이상의 점수를 따놓는 노력과 센스가 필요하고 상사가 중요한 판단을 할 때에는 비록 부하지만 의견을 구하는 등 자신에게 귀를 기울이는 사람이 되도록 깊은 신뢰관계를 쌓아둬야 한다.

자신의 기호에 따라 상사를 판단하지 말아야:
회사는 선택할 수 있으나 상사는 선택할 수가 없어

세상에 별별 사람이 다 있듯이 직장마다 별별 상사도 다 있다. 유능하고 존경하고 싶은 훌륭한 상사도 있지만, 있으나 마나한 상사도 있고 아예 없는 것이 나은 상사도 있을 수 있다.

누구나 어떤 형태로든 조직생활을 하면서 조직생활의 대부분을 아랫사람으로 지내게 되는데 어떤 상사와도 잘 맞추고 지내야 성공적인 직장생활을 할 수 있게 된다.

적절한 비유는 아니지만 직장의 상사라는 직책 안에는 개도 있고 고양이도 들어 있다. 상사가 기분이 나쁠 때에는 개처럼 으르렁거리기도 하고 고양이처럼 털로 둘러싸인 발바닥 속에 숨겨진 발톱을 가만히 세우기도 한다. 따라서 어떤 때에는 대범하게 웃다가도 똑같은 상황인데 어떤 때에는 짜증을 내기도 하면서 변덕을 부려 종잡을 수 없는 게 상사이기도 하다.

그 장단을 맞춰 주는게 힘든 것이 직장생활이고 직장 상사다. 힘들고 밉더라도 받아들이고 맞추고 살아가야 한다. 그래야 같이 갈 수 있고 오래 갈 수 있다.

기본적으로 상사와 의견 충돌이 있을 때에는 다투지 말고 의견을 제시하는 선에서 이야기하고 참는 것이 조직의 분위기를 위해서도 좋고 부하직원에게 유익하다. 자신의 취향과 구미에 맞지 않는다고 매번 상사와 부딪치거나 무시한다면 결국 부하직원의 점수만 깎이게 되는 것이 직장의 일반적 생리다.

고객이 자신의 기호와 입맛을 바꾸지 않은 채 그런 상품이 나와 주길 바라듯이 대개 상사도 자신을 부하직원에 맞춰 변화되지 않는다는 것을 알아야 한다.

조직생활의 특성상 대개 상사와의 다툼에서 부하 직원이 이기기는 힘들다. 회사는 선택할 수 있으나 상사는 선택할 수가 없기 때문이다. 특히 '상사는 부하의 기호품이 아니다' 라는 것을 명심해야 한다.

또 상사는 능력만을 앞세운 부하를 좋아하지 않으며 지나치게 대쪽 같은 행동도 반감을 사는 게 일반적이다. 선수시절 최고의 반항아로 축구계의 풍운아로 살아온 '수원 삼성 블루윙즈' 고종수 코치도 몇 년 전에 'SNS 필화사건'을 겪고 있는 기성용 선수에게 "선수는 절대 감독하고 싸워서 이길 수 없다"는 충고를 한 바가 있다.

상사의 능력이 의심될 때는 생각을 달리해야 한다. 업무상 많이 힘들겠지만 이때 부하직원은 상사와 충돌하고 무능을 질타하기 보다는 상사의 부족한 점과 단점을 자기 발전의 트레이닝 대상으로 삼고 앞으로 완벽한 상사가 되기 위한 자기 밑거름으로 삼는다면 그야말로 반면교사(反面敎師)가 될 것이다.

또한 완벽주의자나 까다로운 상사를 만난 것에도 좀 힘들기는 하지만 감사해야 한다. 때로는 완벽주의 상사가 부하직원의 성장 디딤돌이 되기 때문이다. 가능한 상사의 긍정적인 면만 보고 진정으로 좋아하려고 애쓰는 모습이 자신을 위해 도움이 되고 바람직한 것이다.

생각해보자. 보통 사람이 한 달이면 두 손 두 발 다 드는 까다로운 리더와 뜻을 맞춰 환상의 호흡을 보여준다면 모두 당신의 능력을 인정할 수밖에 없을 것이다. 거기에는 남들보다 10배 20배 넘는 노력이 필요하기 때문이다.

상사와 코드를 맞춰야:
상사에게 '점잖음'만을 유지하는 건 능사가 아님

직장생활에서 성공한 사람은 한결같이 상사와 좋은 관계를 유지했다. 그런데 그들이 처음부터 상사와 좋은 관계를 맺었던 것은 아니다.

거의 대부분의 직장인이 그렇듯이 성공한 직장인에게도 상사는 처음에 불편하고 부담스러운 존재다. 그들이 다른 사람들과 달랐던 것은 상사와 관계를 좋게 만들었을 뿐이다.

따라서 상사를 돕고 그와 코드를 맞추는 것을 불편해 하는 사람이 간혹 있는데 이는 결론적으로 말하면 어떤 조직이든 부하직원은 그의 상사와 코드를 맞추려는 노력을 해야 한다.

흔히 많은 사람은 부하직원이 상사와 코드를 맞추는 것을 아부(阿父)나

아첨(阿諂)이라고 생각하고 혹자는 굴욕적이거나 죄악이라고도 생각하는데 그것은 잘못된 것이다. 상사에게 아부와 아첨하고 비위를 맞추라는 게 아니다.

왜냐하면 모든 조직은 거의 모든 업무가 상사를 중심으로 이뤄진다. 상사로부터 업무 지시를 받고 그 실행 결과를 상사에게 보고하는 방식으로 업무가 이뤄지기 때문이다.

부하직원이 상사와 호흡을 맞춰야 되는 이유는 그에게 아부하기 위해서가 아니다. 조직의 성과를 거두고 조직의 목표를 달성하기 위해서다. 조직의 책임을 맡고 있는 상사가 부하를 통솔해 목표한 성과를 얻을 수 있도록 조직원으로서 열심히 따르고 도와야 하는 것이다. 부하직원이 상사와 갈등 상황에 놓이면 좋은 성과를 기대하기 어렵기 때문이다. 상사를 한 개인으로 봐서는 안 된다.

특히 상사와 코드를 맞추기 위해서는 상사가 지시한 일의 보고를 제때 잘해야 한다. 적절한 피드백feed back의 유무에 따라 직장생활의 성패가 갈려지기도 한다.

그런데도 피드백이 잘 안 되는 직원들이 있는데 그 이유는 무엇일까?

많은 직장인이 별 것도 아닌 일로 상관을 자주 접촉하는 것은 점잖지 못한 일이라고 생각하는데 그것은 절대 오판이다. 물론 직장마다 아무것도 아닌 조그마한 일인데도 사장실이나 상사를 찾아가 보고를 하는 눈꼴사나운 사람들과 아부꾼들이 꼭 있을 것이다.

그러나 상사가 부르지 않으면 찾아가지 않는 등 직장상사에게 '과묵과 점잖음'만을 유지하는 것은 직장생활에서 절대 능사가 아님을 유념해야 한다.

상사는 지시한 내용이 크든 작든 피드백을 기다리는 속성이 있고 상사는 자신이 예상한 시간에 피드백을 받지 못하면 일단 마음이 불편해지기 시작하기 때문이다.

상사는 조직의 인력운용과 관련해 늘 생각을 하면서 부하직원을 계속 같이 일하고 싶은 쓸만한(用) 직원인지 그렇지 못한(不用) 직원인지 분류하는 습성과 또 승진대상과 그렇지 않는 대상으로 분류하는 권한이 있다.

직원의 성격이 원래 말수가 적어 과묵하든 그렇지 않든, 악의가 있든 없든 간에 피드백이 부족한 직원은 인사철이 오면 불용(不用)대상으로 처리해버릴 확률이 높다고 봐야 한다.

누차 말하지만 직장생활에서 능력과 성과가 있다고 다 인정을 받고 다 승진하는 것은 아니다. 대개의 CEO는 유능한 사람이 아니라 자주 보는 사람과 호흡이 맞는 직원을 요직에 보내거나 중용할 경향이 매우 높기 때문이다.

따라서 상사의 지시 사항에 대해서는 최종 결론이 나오기 전이라도 중간 중간에 진척 상황을 짤막한 보고라도 해 주는 것이 상사의 마음을 편하게 해 주는 것이고 결국 직장생활을 잘하고 오랫동안 다닐 수 있는 성공 비결이다.

조직의 '멀티플레이어'와 '조커' 역할해야:
굳은 일에도 먼저 나서는 조직의 총무를 자임해야

조직에서 인정받는 직원의 특징 중 하나는 언제 어디서나 어떤 일이든 최적의 결과를 가져오는 '멀티플레이어multiplayer' 역할을 해 낸다는 것이다.

상사와의 관계에서 공과 사의 구분을 두지 않고 언제, 어떤 이유로, 어떤 일을 지시받든 최적의 결과물을 내 놓는다면 상사가 곁에 두고 싶은 핵심인사에 한 걸음 가까워질 수 있는 것이다.

특히 비서 등 주요 보직에 있는 직원은 보스boss의 든든한 야전사령관과 정보 담당관 역할을 해야 한다. 이를 위해선 사내는 물론 회사 밖의 각종 정보에 귀를 열어 둠으로써 닥쳐올 상황을 예측하고 그 상황변화에 대비할 수 있어야 한다.

리더의 사기를 저하시키는 나쁜 소문으로부터 리더를 보호하고 험담으로부터 리더를 방어할 줄도 알아야 한다. 그것은 측근들의 경쟁력이자 생존 수단이다.

상사는 부하직원과 대화를 나눌 때 그 부하가 자신의 정보원으로서 가치가 있는지 여부에 관심을 갖기도 한다. 부하직원과의 대화를 통해 뭔가 색다른 정보와 유용한 정보를 얻을 수 있어야 상사는 그 직원과의 대화를 좋아하고 만남을 기대한다. 쓸데없는 잡담으로는 상사의 마음을 잡을 수는 없는 것이다.

일단 상사나 조직 구성원들이 정보를 얻기 위해 어떤 직원에게 의존하기 시작하면 해당 직원은 핵심 인력이 되는데 가속도가 붙게 되고 회사 내에서 그 직원의 위치는 견고해지게 된다.

특히 상사가 사적이고 비밀스러운 일을 부탁했다면 흔쾌히 자신의 일로 생각하고 반갑게 받아들여야 한다. 그것은 무슨 일을 맡겨도 척척 잘 할 수 있는 업무상의 '멀티플레이어' 일 뿐만 아니라 공사(公私)를 넘나들고 직급의 경계를 뛰어 넘는 한 수 위의 '조커Joker' 로 보고 있기 때문이다.

그러나 한편으로 상사와 자신만이 아는 정보는 시한폭탄보다 위험하다는 것을 알아야 한다. 상사의 사적인 정보를 많이 알고 있는 부하직원은 아이러니컬ironical하게도 상사에게는 측근인 동시에 가장 위험한 인물로 인식

될 수 있다.

왜냐하면 시간이 지나면 상사는 자기가 너무 깊은 이야기를 너무 많이 이야기 했다고 후회하게 되고 자신에 대한 충성심을 100% 신뢰할 수 없다면 그 부담을 덜기 위해 언젠가는 그 부하를 멀리 보내는 부당한 인사나 대우를 할 가능성이 크기 때문이다.

또한 직장생활에서 성공하는 팔로워가 되기 위해서는 조직의 총무를 자임할 필요가 있다. 조직생활을 하다보면 공식적인 업무 이외에 귀찮고 잔손이 많이 가는 일들이 더러 있다. 동호회나 학습조 모임, 팀모임, 동기 모임 등 이런 일은 원래 주어진 업무가 아니기 때문에 딱히 솔선수범하지 않아도 누가 뭐라고 하지 않은 일들이지만 꼭 누군가는 해야 일이 되는 경우가 있다.

동창회 등 어느 조직이든 잘 되는 조직을 보면 대개 그 조직의 연락책을 맡은 총무가 잘하기 때문이다.

그렇듯이 자기가 속한 조직을 제대로 돌아가게 만들고 싶다면 궂은일에 먼저 나서고 남들이 하기 싫어하는 잔심부름까지 기꺼이 해 볼 것을 권한다. 연락책을 맡아 전화나 카톡, 문자 등으로 열심히 연락하고 동료들 사이를 오가며 활발한 커뮤니케이션을 해 보라.

사람들은 다 알고 있다.

아무도 알아주지 않을 것 같지만 누가 이기적이고 누가 생색만 내는지, 누가 고생하고 누가 기여하는지, 조직에 없어서는 안 될 사람이 누구인지를 다들 금방 알아챈다.

조직은 그런 사람을 필요로 하고 회사가 붙잡는 사람들은 그런 사람들이다.

5장

2인자 팔로워 십

리더 스타일과 참모 스타일:
집게손가락이 길면 리더형, 짧으면 참모형?

가끔 생각해 본다. 리더형 사람이 따로 있고 참모형 사람이 따로 있는 것일까? 나의 능력과 재능은 리더에 가까울까? 참모에 가까울까? 누구나 심히 궁금하지 않을 수 없다.

사람마다 리더와 참모형의 이분법으로 분류하는 게 쉽지 않다. 특히 리더가 될 사람은 따로 정해져 있다는 직관은 사실 좀 불편하다. 하지만 딱 구분하기가 쉽지는 않으나 사람마다 남달리 다른 기질을 갖고 있고 남다르게 일을 처리하는 뛰어난 사람들이 있는 것도 사실이다.

답을 찾기 위해 쉬운 것부터 접근해보자. 과학적으로는 믿든지 말든지 한 이야기이지만 흔히 수상학(手相學)에서는 집게손가락이 긴 사람은 리더형, 짧은 사람은 참모형이라고 한다.

일반적으로 사람들의 집게손가락은 중지(中指)의 첫째마디 중간 부분에 오는 것이 표준적인 길이다. 그런데 그 표준보다 긴 집게손가락을 가진 사람은 지도력과 리더십이 있으며 자기주장이 강하다고 한다. 때로는 독불 장군(獨不將軍)식으로 행동하기도 하고 다른 사람의 일에 참견을 자주 하지만 책임감이 강하고 일이나 업무에서 공평하게 처리하려는 마음이 강하며 모든 일에 노력을 아끼지 않는 면이 있는 것으로 판단한다.

반대로 집게손가락이 짧은 사람은 참모 스타일로 순종적이며 모든 것을 소극적으로 생각하고 생활력과 의지력이 약하고 다른 사람의 일에 별로 관심을 가지지 않으며 애정표현이 서툴고 부족한 경향이 있다고 수상학에서는 이야기하고 있기도 하다.

좀 더 깊이 들어가 심리학적으로 리더형과 참모형을 구분해 보자. 일본 사회경제생산성 본부의 정신건강연구소에서 정신건강 문제를 연구하고 쓰쿠바 대학University of Tsukuba (筑波大學) 명예교수를 한 '오다 스스무(小田 晋)' 박사는 오랜 연구 결과 "리더는 출세증후군promotion syndrome을 가진 사람으로 지위가 높을수록 들뜬 상태와 가벼운 조증, 자기 현시, 집착과 함께 타인에 대한 공감성을 나타내는 성격유형을 보인다"고 했다.

오다 스스무 박사는 리더형과 참모형 구분을 위한 자가 진단 테스트로 아래와 같은 방법을 제시했다.

손금을 알아가는 직장인 처세술

1) 다음 항목 중 자기에게 해당된다고 생각되는 항목 6개를 표시한다.

	질 문	답
1번	나는 나보다 빼어난 부하에게 질투심을 느끼지 않는다.	
2번	나는 일을 한 번 하면 제대로 끝을 보고 만다.	
3번	나는 상사의 생각을 충분히 바꿀 수 있다고 생각한다.	
4번	나는 어딘가 모자라는 부분이 있다고 생각한다.	
5번	나는 자주 흥분하고 다른 사람에게 화를 낸다.	
6번	나는 주변의 분위기에 잘 맞추는 편이다.	
7번	나는 가끔 분을 이기지 못해 혼자 폭발할 때가 있다.	
8번	나는 원칙에 어긋나는 것을 보지 못한다.	
9번	나는 자기애가 강한 편이고 조울증이 있다는 말도 듣는다.	
10번	나는 화려한 것을 좋아한다.	
11번	나는 가끔 자기 과시적이란 소리를 듣는다.	
12번	나는 가급적 기분 좋은 상태를 유지하려 노력한다.	

2) 1번에서 12번 문항까지 점수를 체크한다.

번호	1번	2번	3번	4번	5번	6번	7번	8번	9번	10번	11번	12번
점수	1	2	2	1	1	2	2	2	1	1	1	2

3) 테스트 판정 : 각 번호의 점수를 합산해 총점을 대입해 판정한다.

* 6점   : 강력한 리더형
* 7~8점 : 리더 스타일에 가깝다
* 9~11점: 참모 스타일에 가깝다
* 12점   : 강력한 참모형

만슈타인의 장교 자질론:
똑부형, 똑게형 멍부형, 멍게형

2차 세계 대전의 최고 명장으로 꼽히는 독일의 군사 전략가 '만슈타인 Erich von Manstein 장군은 자신의 회고록 『잃어버린 승리』*Verlorene Siege*' 에 4가지 타입의 장교에 대한 명언을 남겼다.

만슈타인 장군은 장교를 전반적으로 현명함과 어리석음, 근면함과 게으름에 따라 크게 네 가지 유형으로 분류가 가능하다고 했다.

첫 번째, 똑똑하고 부지런한 사람(똑부형)
두 번째, 똑똑하고 게으른 사람(똑게형)
세 번째, 멍청하고 부지런한 사람(멍부형)
네 번째, 멍청하고 게으른 사람(멍게형)으로 나눌 수 있다.

만슈타인 장군의 장교 자질론에 의하면 첫 번째 '똑부형'은 고급 참모에 적합하고 두 번째 '똑게형'은 모든 전쟁 상황을 처리할 수 있는 느긋함이 있어서 고급지휘관에 적합해 이른바 장군감이라고 표현했다. 또한 네 번째 '멍게형'의 장교는 그런대로 쓸 수가 있다고 한다.

그러나 세 번째 '멍부형'은 "위험성을 내포한 사람이니 빨리 사직케 해야 한다"고 만슈타인 장군은 주장했다.

얼핏 들으면 심한 혼란을 가져올 수도 있는 말이다. '아무려면 멍청하고 게으른 사람보다야 멍청하지만 그래도 부지런한 사람이 낫지 않겠느냐'는 생각을 하기 쉽다. 그러나 만슈타인 장군같은 전략가는 조직의 원리를 꿰뚫어 보는 능력이 있기 때문에 이러한 판단이 가능했다고 보여진다.

만슈타인 장군의 판단으로는 멍청하면서 부지런하기만 하는 '멍부형'은 사리판단이 흐려서 아무에게도 도움이 안 되는 일만 골라서 하는 타입으로서 전쟁터에서는 불필요한 전투와 무모한 작전을 감행해 결국 아군 병사들을 죽음으로 몰고 가는 재앙을 불러 올 우려가 높다는 설명이다.

만슈타인의 설명에도 불구하고 조직과 부서의 성격에 따라 적합한 리더의 유형이 다르겠지만 여러 많은 사람들은 바람직한 리더형으로 '똑부형'을 생각하는 듯하다.

왜냐하면 '똑부형' 리더는 대체로 새벽같이 일찍 일어나고 많은 사람들을 만나 협조를 구하며 누구보다도 부지런하게 일을 해 성과를 많이 낸다. 그러면서도 가능한 자기 혼자 있는 여유 시간을 조금이라도 확보하려는 특징도 갖고 있다. 전체를 관조하기 위한 통찰력을 갖기 위해서이다.

그래서 남이 보기에는 서두르거나 급하게 보이지 않고 늘 여유롭게 보일수가 있다. 직원은 이런 리더의 모습을 보고 똑똑하면서도 일에 쫓기지 않고 어쩌면 게으르게 보이는 '똑게형' 리더라고 생각할 수 있는 것이다. 사실은 '똑부형' 인데 사람들에게 '똑게형' 으로 비춰지고 있는 것이다.

이런 분석에서 결국 리더로서 최고는 '똑부형' 이 아닌 '똑게형' 이라는 것에 크게 공감한다. 특히 '똑게형' 리더들은 자신들의 똑똑함으로 인해 일을 지혜롭게 지시할 뿐만 아니라 그 결과가 나올때 까지 직원들을 닦달하지 않고 어느 정도 느긋하게 기다려 주기까지 하니 말이다.

이를 두고 최근의 리더십에서는 이른바 '게으름의 지혜' 라고 까지 부르기도 한다.

조직원으로서 기본적으로 '총명하면서도 부지런해야' 하겠지만, 만슈타인 장군의 지적처럼 분명한 목적의식이나 명철한 상황 판단 없이 부지런하기만 한 '멍부형' 리더나 조직원이 되어서는 안 된다.

어떤 조직의 리더가 목적의식이나 방향 감각 없이 그저 열심히 노력만 하게 되면 어떻게 되겠는가?

이는 조직에 치명적인 결과를 미칠 뿐이다. 흔히 우리가 무식하고 용감한 것을 가장 경계하는 논리와 비슷하다고 할 것이다.

2인자 위상:
2인자는 모자라서도 안 되지만 넘쳐서는 더욱 안 돼

권력은 공간(空間)이라는 말이 있다.

권력의 크기는 권력자와의 만남과 빈도에 비례한다는 말도 있다.

그런 측면에서 1인자와 가장 가까운 곳에 있고 가장 자주 만나는 2인자
는 최고 지도자의 심복이고 오른팔로 간주된다.

2인자의 자리는 정말 복잡다기(複雜多技)한 자리다.

조직마다 좀 다를 수도 있지만 일반적으로 역량을 어느 정도 갖고 있는
2인자는 1인자의 보조자이자 후계자의 역할을 하면서도 1인자를 넘볼 수
도 있는 경쟁적 위치에 자리하기도 하다.

20세기 대표 작곡가이자 지휘자인 거장 '레오나르드 번스타인Leonard Bernstein'은 관현악단에서 가장 어려운 역할이 무엇이냐는 질문을 받은 적이 있는데 잠시 생각하더니 확신에 찬 어조로 '제 2바이올린'이라고 대답했다고 한다.

그 이유는 "연주를 주도하려는 사람은 쉽게 찾을 수 있으나 탁월한 실력과 열정을 가지고도 제 2바이올린의 역할에 만족할 수 있는 사람은 정말 찾기 힘들기 때문"이라고 했다.

조직에서 2인자의 중요성을 역설한 좋은 사례라고 본다.

필자의 어머님도 나름대로 똑똑하다고 설쳐대려는 며느리를 다스릴 때 "옷도 안감이 제 아무리 잘 났고 예쁜 천이라 하더라도 밖으로 쑥 튀어 나와서 속을 보여서는 안 된다"는 말씀을 가끔 한다. 이는 '마누라가 남편보다 똑똑하다고 하더라도 남편을 무시하고 막 나서고 설쳐대서는 안 된다'는 가르침이리라.

결론적으로 2인자의 역할과 자리매김도 그렇다. 모자라서도 안 되지만 넘쳐서는 더욱 안 된다. 조직의 최고 리더를 바로 아래에서 모시게 되는 2인자의 지위는 그만큼 독특하면서도 매우 어려운 자리인 것이다.

2인자 처세술:
2인자의 처세는 충성심이 절대 우선

일반적으로 어느 조직이든 2인자는 설친다는 인상을 주지 않기 위해 자기 목소리를 제대로 내지 못하는 등 처신을 하기가 여간 어렵지 않다.

따라서 때로는 좀 멀찌감치 떨어져 있어야 하고 때로는 1인자의 그림자처럼 움직여야 하기 때문에 '있는 등 없는 등 하는 것이 2인자가 오래 사는 법'이다.

2인자는 대체로 조직 내에서 소리없이 일을 하다가 보니 나름대로 열심히 일을 하는데도 진가를 인정받지 못하는 경우도 빈번하다. 마치 척추 Spine(脊椎)가 몸의 중추적인 역할을 하는데도 드러나지 않아 잘 알아채지 못하듯이 말이다.

여러모로 2인자의 자리는 정말 어려운 자리다. 1인자의 인정을 받아 그 자리에 오르기도 어렵지만 신(神)의 처세술이 필요할 정도로 자리보전은 더 어렵다.

권력이 커질수록 의심도 많아지는 권력 속성상 역린(逆鱗)이라도 건드리게 되면 자리보전은커녕 목숨 보전을 해야 할 처지에 놓이게 되기도 한다.

기본적으로 2인자는 나름대로 조직이 인정하는 일정한 업무 능력을 갖고 있어야 하는 것은 물론 자기 리더와의 신뢰 관계를 넘어 리더와 같은 마음을 품어야 오래 살아남는다. 또한 능력과 함께 충성심이 절대적으로 요구된다.

그렇지 않으면 언제나 그 자리는 화(禍)를 당하게 된다. 그런 연유(緣由) 등으로 대체로 2인자의 수명은 길지가 않다.

특히 오너owner가 아닌 1인자는 능력 있는 2인자를 필요로 하기는 하지만 자신을 훨씬 능가하는 능력을 갖고 있거나 자신의 능력을 감추기 보다는 과시하는 부하는 당연히 거부감을 갖고 견제하기 마련이다. 언제 어디서 자신을 밀어낼지 모르는 능력 있는 2인자야말로 1인자의 가장 위험한 적이기 때문이다.

그렇다고 2인자는 일부러 자신의 능력을 감추어서도 안 된다. 2인자가 너무 작게 보이면 일회용품처럼 한 번 쓰고 버림을 당하게 되는 아픔도 있다는 것도 알아야 한다. 1인자의 입에 혀같이 움직이되 조직의 현안 과제를 100% 이상으로 해결해 낸다면 1인자는 자신의 뒷받침을 위해 2인자를 반드시 필요한 존재로 인식할 수 있기 때문이다.

그럼에도 능력은 조금 부족하더라도 1인자를 존경하면서 충성하는 2인자에게 마음이 가는 게 인지상정이고 그들이 성공하는 게 세상이치다.

또한 상사에게 맹목적으로 충성하는 2인자도 자칫 무시당하기 쉽다. 그러나 1인자라 하더라도 부하들의 대대적인 지지와 존경을 받는 2인자를 무시하기는 쉽지 않은 일이다. 2인자가 많은 부하들이 따르는 중심세력이 되기 위해서는 능력과 함께 무엇보다 인간적 매력으로 인적 네트워크를 넓혀야 한다. 부하들과 업무를 떠나 평소에도 자주 밥도 먹고 차도 사주고 때로는 먼저 그들이 겪는 고충에도 관심을 갖고 물어보고 그 심정을 이해하는 자세와 태도가 중요하다.

특히 1인자의 비서진 등 1인자와 가장 가까이에 있는 인맥을 자신의 인맥으로 만들고 자신에 대한 이해의 폭을 넓히는 것도 매우 중요하다. 1인자 측근들의 말 한마디가 2인자에겐 천당과 지옥을 오르내리게 할 수도 있기 때문이다.

때로는 1인자가 사적인 모임에 함께 갈 것을 지나가는 말투로라도 말하면 두 말 없이 따라나서 자신을 최대한 낮추어 1인자의 체면을 세워주는 모습도 2인자가 살아가는 방법이기도 하다.

결국 모든 요소 중에도 2인자의 처세에는 충성심(忠誠心)이 절대적으로 우선시 된다.

팔로워인 동시에 리더인 2인자들은 자기가 부리는 아랫사람을 잘 다스리기도 해야 되지만 근본적으로 자기의 상관을 잘 보필하는 것이 가장 큰 임무임을 유념해야 한다.

우리나라 현대 정치사의 대표적 2인자인 김종필 전 국무총리가 한때 경쟁자이던 김영삼 씨가 대통령이 되었을 때 '대통령을 홍곡(鴻鵠, 기러기와 고니)으로 치켜세우고 자신은 연작(燕雀, 제비와 참새)'으로 낮춰 부르면서 "1인자와 같이 걸을 때는 그림자도 밟지 않도록 한 걸음 물러나 걸어야 한다"면서 2인자의 처신과 고충을 우회적으로 표현한 것으로 알려지고 있다.

김 전 총리는 또 5공화국의 신군부 등장 후 서교동 보안사 분실에서 한 달 반 넘게 고초를 당한 후 노태우 당시 보안사령관이 자신을 위로하기 위해 초대한 식사 자리에서 "1인자에게 밉보이지 마라. 1인자를 섭섭하게 하거나 불만을 가지지 말라"는 충고를 했다고 한다.

결국 노태우 씨가 전두환 대통령을 이어 대통령을 할 수 있게 된 것도 이런 조언을 따라 행했기 때문이 아닌가 생각된다.

중국 속담에 '반군여반호(伴君如伴虎)'라는 말이 있다. 이는 "임금을 수행하기란 호랑이와 동행하는 것과 같다"는 뜻으로 권력자를 보좌하는 2인자의 고충을 표현하는 말이다. 그만큼 늘 위험이 도사리고 있다는 말이다.

2인자의 말로(末路)가 대부분 비운으로 끝나는 역사를 되돌아보면 모든 조직마다 2인자 역할을 하는 사람은 꼭 귀담아 들어야 할 귀한 가르침으로 여겨진다.

결론적으로 말하면 2인자에게 권력 의지는 금기(禁忌)이고 1인자보다 큰 권력을 가지는 2인자는 존재할 수 없다. 2인자가 너무 크게 보이면 죽음을 당하게 되기 때문이다.

2인자는 배반의 입맞춤을 경계해야:
리더로부터 받은 상처가 치유되지 못하거나 기대가 저버려질 때 배반의 싹이 트기 시작해

요즈음 정계에서 '배반의 정치'라는 단어가 횡횡하는데 무엇이 배반인지, 왜 그분에게는 배반하는 자가 그리 많고, 측근마다 배반을 할까, 배반의 원인이 누구에게 있을까? 자못 궁금하다.

조직의 2인자가 특히 조심해야 하는 것이 배반과 배신의 입맞춤이다.

리더가 측근들에게 조심하면서도 가장 두려워하고 가장 분노하는 것은 배신이다. 배신행위가 발생하면 리더는 소위 '맨붕'이 발생한다. 리더로서는 자기 자신의 정체성을 깡그리 부정당하기 때문이다.

따라서 리더에 대해 가장 많은 것을 알고 있는 2인자는 무엇보다도 상관의 리더십에 대한 회의적인 생각이 들 때 이를 이겨내는 것이 가장 힘들고 위험한 일이다.

난로 불 가까이 있으면 기본적으로 따뜻하기는 하나 자칫하면 너무 가까이 가서 불에 데어 화상을 입기도 하듯이 2인자는 자신이 모시는 리더로부터 가끔 상처를 받게 된다.

중요한 점은 이 상처를 쉽게 생각해서는 안 된다는 것이다. 왜냐하면 2인자의 치유되지 않는 마음의 상처가 배반의 시발점이 되기 때문이다.

상처는 대개 곧 치유되기도 하나 치유 받지 못한 상처는 더욱 곪아지면서 나중에 큰 화근이 될 수 있다. 상사로부터 매우 서운하고 억울한 일을 겪게 되면 마음이 상한 2인자는 그에게 한바탕 따지려 드는 마음이 생기게 된다.

이렇게 깊이 상한 마음이 적절히 치유 받지 못한다면 배반과 배신의 씨앗이 자연스럽게 그 위에 심겨져서 싹이 자라나게 되는 것이다. 배반은 다양한 사람이 사는 조직 생활 여러 곳에서 벌어지나 리더의 심복으로 일하는 자는 배반의 특별한 표적이 된다. 그 중에서도 2인자가 가장 큰 표적이 된다.

배반은 쉽게 시작되고 배반의 원인은 멀리 있지 않다.

리더의 말과 행동으로 인한 상처나 섭섭함, 억울한 오해, 의견 불일치 그리고 지도자에 대해 고대해오던 자신의 철학과 기대가 꺾이는 경우가 배반의 시작이고 통로가 된다.

대체로 배반은 의도적으로 계획되지 않는다. 배반할 생각이나 태도는 대체로 우발적이고 악의 없이 시작된다. 처음부터 배반하기를 작정하는 사람은 거의 없다. 그 동기와 환경이 있을 뿐이다.

생각지도 못한 상황이 전개되고 조건이 성립되면 누구나 배신을 할 수 있다. 사람은 누구에게나 그럴 수 있는 요소가 잠재해 있는 것이다.

이와 같이 2인자는 리더로부터 받은 상처가 치유되지 못하거나 기대가 저버려지는 순간 배반이 마음속에서 싹트기 시작하고 배반의 입맞춤이 되어 돌아온다는 것을 특히 경계해야 한다.

따라서 2인자는 리더와의 갈등 문제를 쉽게 생각하거나 혼자서 해결하려고 해서는 안 된다. 어렵지만 2인자는 상관에게 자신의 상처와 갈등을 털어놓고 해결해야 한다. 또 2인자들은 이러한 배반의 역사를 사전에 예방하기 위해 자신들을 찾아오는 사람들과 어울려 의기투합하거나 추켜세움과 격려를 받는 것에 주의를 해야 한다. 사람에게 추켜세움과 격려는 대단한 위력이 있기 때문에 말을 썩는 사람들끼리 한 통속을 만들어 준다.

특히 2인자를 찾아온 사람들이 최고 지도자를 겨냥한 말에 맞장구를 쳐 자신도 낙담이나 불만, 비난을 표현할 때가 자신이 원했든 원치 않든 배반의 길로 접어드는 가장 빠른 지름길임을 깨닫고 경계해야 한다. 만약 이런 상황에 처하게 되고 심적 동요가 생긴다면 2인자는 먼저 자신의 위치와 본분을 한 번 돌아보고 점검하면서 자신의 마음을 추슬러야 한다.

무엇보다도 2인자의 그 자리는 조직의 최고 리더와 상사를 위하는 자리라는 것을 먼저 상기해야 한다. 즉 2인자는 독립된 지위가 아니라는 것을 명심해야 한다. 자신의 상관인 1인자가 있기 때문에 2인자인 자신이 있는 것이다. 특히 조직의 최고 리더를 섬기는 일은 아무나 하는 허드렛일이 아니라 어떠한 경우에라도 최대한 잘 섬겨야 하는 것이 조직이 2인자에게 부여한 가장 큰 임무임을 근본적으로 명심해야 한다.

또한 2인자가 배반의 입맞춤을 피하기 위해서는 상사를 최대한 이해하도록 힘쓰고 노력해야 한다. 일반적으로 리더는 부하가 경험하지 못하고 부하가 모르는 총체적 짐을 지고 있다는 것을 알아야 한다. 특히 조직의 최고 리더는 공동체의 미래를 책임지기 위해 비전을 제시하고 고민하는데 그것은 정말 무겁고 비교할 수 없는 임무이자 짐이기 때문이다.

이러한 기준에서 일단 자신과 조직을 돌아봐서 가능한 한 상사의 입장과 고충도 이해하고 그의 생각에 맞추도록 최대한 노력해야 한다.

상사를 잘 이해하기 위해서는 일반적으로 세상에 완벽한 사람도 완벽한 지도자는 없다는 것을 기본적으로 인식하고 있어야 한다. 아무리 대단하고 유능한 지도자라 할지라도 리더도 인간인지라 어떤 부분에서는 꼭 서툴기 마련이다. 제 아무리 훌륭한 지도자라도 아랫사람들을 섭섭하게 하기도 하고 때로는 고통의 쓰라림을 안겨다 주는 경우가 허다하다.

그래도 마음이 섭섭하고 문제 해결이 안 된다면 그 일을 모르는 다른 사람에게 이야기 하는 등으로 문제를 확대하기 전에 상처를 준 상관을 직접 만나는 것이 좋다.

상관을 만나 섭섭하면 섭섭하다고 말하는 등 자신의 의견을 직·간접적으로 전달하고 자신의 상황과 마음을 정확히 이야기 하다 보면 상사는 부하가 제기하는 문제를 생각지도 못했을 수도 있기 때문에 문제가 의외로 빨리 봄 눈 녹듯이 해결될 수도 있다.

그래서 "사람의 마음은 낙하산과 같아 펴지 않으면 쓸모가 없다"고 하지 않는가?

물론 리더도 2인자를 비롯한 부하들의 배반을 막기 위해서는 자신의 말과 행동으로 깊은 상처를 주거나 리더십에 대한 회의적인 생각이 들지 않도록 먼저 자기 관리를 철저히 해야 할 것이다.

6장

직장이란

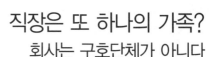

직장은 또 하나의 가족?
회사는 구호단체가 아니다

'회사(會社)'를 의미하는 영어 단어 'company'는 원래 라틴어의 com(함께)+pane(빵)+ia(먹는 것)를 붙인 'compania'에서 나온 것으로 '함께 빵을 먹는 동료들'이라는 뜻이다. 즉 우리말로 "한솥밥을 먹는다"는 말이다.

회사가 이해타산과 빵을 함께 먹는 것 이상의 '뜻을 함께 먹고 뜻을 공유하는 공동체'가 된다면 그 힘은 실로 엄청나게 커질 것이고 가장 이상적일 것이다.

그런데 직장 생활은 참 복잡하다. 그러기에 별별 일이 다 벌어진다. 회사 방침이 자기 신념과 안 맞을 수도 있고 형편없는 상사를 만나는 경우도 있다. 업무량이 공평하지 못해 늘 과다한 업무에 시달릴 수 있고 예고 없는 야근으로 개인적 생활을 포기해야 하는 경우도 있다.

지구가 완전 둥근 것이 아니듯 사회에나 직장에도 어느 정도 불합리함이 있다. 직장에서 벌어지는 일마다 자극을 받아 신경질의 발톱을 날카롭게 세워 따지고 불평하고 싸운다면 오래 다니지도 못하고 직장인으로서 결코 성공하지 못한다.

가족과 친구보다 더 오랜 시간을 함께하고 인생에서 가장 많은 시간과 노력을 투자하는 곳이 바로 직장인데 그 직장 생활이 행복해야 삶이 행복해 질수 있다.

그러나 엄밀히 말하면 어떤 광고 문구와 달리 회사나 직장은 또 하나의 가족이 아니다.

회사는 근본적으로 그 성격이 이익공동체다. 이익공동체는 어떤 이해관계로 인해 구성되고 구성원간의 계약관계로 이뤄진 조직이다.

회사는 근로자와 노동력과 임금 지급의 계약을 맺고 그 계약관계를 서로 성실히 이행해 간다는 암묵적(暗默的) 신뢰를 실천하는 관계이다. 따라서 계약관계로 맺어진 회사에서 가족 같은 관계를 기대하는 것은 기본적으로 지나친 것일 수 있다.

특히 회사 내 구성원들 간의 관계는 한두 가지로 설명하거나 해결하기 힘든 문제이지만 분명한 것은 구성원들 간의 관계 여하는 회사 존재의 이유가 아닐 뿐더러 개인이 회사를 다니는 궁극적인 목적 사항이 아니다. 따라서 어떤 면에서는 조직 내 관계에 대해서는 어느 정도 무감각해질 필요도 있다.

또 직장에 대한 꿈은 꾸되 환상은 버려야 한다. 직장은 마음 맞는 사람끼리 모인 친목단체도 아니고 직원의 생계를 책임지는 것을 주된 목적으로 하는 곳도 아니다. 회사마다 직원에게 관심을 가져주고 육아도 도와주고 건강관리에도 신경을 써 주는 복지를 제공하기도 하나 이것은 직원에게 일을 보다 효율적으로 하도록 하고 일을 잘 시켜먹기 위한 것이다.

직장인에게 회사는 '구호단체' 나 '정의사제구현단' 이 절대 아니다.

또 우리가 지금 민주주의 체제의 국가에서 살고 있지만 지배구조와 유형에 따라 회사마다 차이는 좀 있겠지만 회사는 어떤 결정을 할 때 다수결을 원칙으로 하는 '민주주의 체제가 절대 아니다' 라는 것을 분명히 명심해야 한다.

미국처럼 민주주의가 일상화 된 곳에서도 회사만큼은 예외인데 하물며 권위주의 문화가 아직도 뿌리 깊은 대한민국이라면 두말할 나위도 없는 것이다. 대부분의 회사는 기본적으로 윗사람의 지시에 의해 업무가 이뤄지는 조직으로 어쩌면 절대왕정이나 봉건제도 체제 아래에 있는 독재조직에 가깝다고 봐야 한다.

물론 얼굴 모르는 사람으로부터 월급을 받고 살아가는 공무원 조직은 좀 다르다고 하겠다.

공무원은 대통령과 장·차관부터 9급 직원까지 모두가 국민의 세금으로부터 월급을 받기 때문에 누구도 조직의 소유권을 주장할 수가 없기 때문에 시키는 대로 일하지 않을 경우 근무평점과 승진에 불이익을 줄 수는 있지만 큰 비리가 없는 한 아무도 함부로 퇴직 시킬 수가 없다.

요즈음 공직사회도 구조개혁 움직임으로 좀 달라지고 있으나 앞으로도 공직자의 신분보장이라는 큰 틀에서는 별반 차이가 없고 일반회사와는 크게 다를 것이다.

혹자는 가장 신비로운 공동체가 가정이라면 가장 성스러운 장소가 직장이라고도 한다. 왜냐하면 직장은 일을 통해 보람을 느끼고 꿈을 펼치게 해주는 곳이기 때문이다.

직장은 '의자 차지하기 게임'과 같아:
입사 동기는 동지가 아닌 경쟁자

직장생활은 흔히 전쟁터에 비유하기도 하고 때로는 정글처럼 약육강식의 투쟁이 벌어지는 치열한 생존의 장으로 비유되기도 한다.

그런 의미에서 직장생활은 '의자 차지하기 게임'과도 비유할 수가 있다.

'의자 차지하기 게임'은 누구나 각종 모임에서 한번쯤 해보거나 TV를 통해 알고 있는 게임이다. 사람 수보다 한두 개 적은 의자를 가운데 놓고 사람이 원을 만들어 빙 둘러 서 있다가 음악이 흐르면 사람은 신나게 의자 주위를 돈다. 그러다가 진행자의 호각이 울리거나 지시가 나오면 방금까지 음악이 나올 때의 화기애애했던 분위기는 온데간데 없고 이전투구(泥田鬪狗)의 장으로 변한다.

게임 참가자들은 의자를 차지하기 위해 어깨와 엉덩이로 상대방을 밀치는 것은 기본이고 남이 차지한 의자를 뺏기도 한다. 게임이 진행될수록 생존자와 의자 수가 줄어들면서 게임은 더 치열해 진다.

처음에는 오락과 장난기로 시작했던 잔류자들의 눈빛도 긴장감으로 더욱 반짝이고 마치 날샌 짐승처럼 행동이 기민해진다. 때로는 이성과 체면은 물론 동료와의 우정이고 의리고 뭐고 다 버리기도 한다. 살아남는 게 목적이기 때문이다.

이와 같이 직장이란 곳은 '생존'이란 '의자 뺏기게임'이 구조조정을 알리는 호각소리가 날 때는 물론이고 평소에도 의자가 하나 둘씩 줄어드는 것을 목도(目睹)하면서 보이지 않는 총성에 온 촉각을 곤두세우며 게임이 끝날 때까지 긴장감을 놓지 못하고 살아가는 비장한 곳이라고 하겠다.

물론, 직장이란 곳이 반드시 상대를 무지막지(無知莫知)하게 밟고 죽여야만 내가 사는 그런 전쟁터는 아니다. 전투로 인한 상처와 아픔이 있는가 하면 더불어 살아가는 감동도 인간애도 많이 있는 곳이다. 단지 생존을 위한 무한경쟁을 추구하는 곳이라고 강조하는 극단적인 면에서 이렇게 볼 수 있는 것이다.

흔히들 직장의 입사 동기를 모두 동지로 알고 끝까지 같은 배를 탄 운명공동체로 여기기도 하는데 현실은 결코 그렇지가 않다.

신입사원 시절과 대리를 거쳐 빠르면 과장이나 차장 승진이 눈앞에 올 때 쯤이면 입사동기가 어깨동무를 하고 평생을 같이 갈 동지가 아닌 경쟁자로 보인다. 어디서나 그렇듯 승진이란 자리는 제한적이고 경쟁자는 그 이상 되기 때문에 누군가는 앞서게 되고 누군가는 밀려나게 되는 게 직장생활이다.

같은 맥락에서 몇가지 더 덧붙이면 직장은 '내가 하고 싶은 일만 하는 놀이터가 아니다' 라는 것도 유념해야 한다. 직장이란 하고 싶지 않은 일을 더 많이 해야 하는 곳이다.

직장에서는 우선적으로 일에 초점을 맞추어야 하며 직장의 코드를 지켜야 한다. 늘 독불장군(獨不將軍)처럼 혼자서 일을 하고 싶다면 조직을 떠나야 한다. 회사와 조직은 기본적으로 화려한 개인플레이보다 팀워크를 원하기 때문이다.

직장생활을 시작하면 여기저기서 많은 조언을 듣게 되는데 모든 조언이 약(藥)이 되는 것이 아니기 때문에 잘 가려서 들어야 한다. 특히 '열심히 해봤자 소용없다' 거나 '받은 만큼만 해라' 는 열정을 무너뜨리는 조언에는 경계를 해야 한다.

특히 회사에서 주는 월급만큼만 일 하겠다는 것처럼 어리석은 태도는 없다.

열심히 일하는 것이 회사만 위한 것이라는 생각도 버려야 한다. 어쩌면 적성에 맞는 직장은 오히려 돈을 내고 다녀야 할 학원이라고도 할 수 있다.

어쨌든 직장이란 곳은 참 복잡한 곳인 것이다.

회사를 믿지마라:
총무팀이나 인사팀은 직원들로부터
회사를 보호하는 부서

얼마 전부터 '사람이 먼저다' "사람이 자산이다"라는 말을 흔히 보고 듣게 되는데 이 단어와 말은 정치권에서 표를 얻기 위해 선전용으로 사용하는 문구이다.

이는 영리를 목적으로 하는 일반 회사에서는 통용이 안 되는 수사학(修辭學)으로 그 말을 회사 생활에서는 당연시 여기지는 말아야 한다.

흔히 신입사원이 입사하면 사장님이 "여러분은 우리 회사 최고의 자산입니다"라고 격려성 발언을 하지만 회사는 기본적으로 모든 직원을 다 주요 자산으로 생각하지 않는다.

회사는 직원이 입사할 때부터 판단해 어느 시점에 가서는 보직과 승진으로 직원을 서열화 시킨다. 떡잎 때부터 될성부른 나무인지 아닌지를 구분하는 것은 물론 중간 중간에 주요 보직과 승진제도로 가지치기를 해주는 곳이 조직사회이고 회사다.

수많은 직장인들이 그저 열심히 일만 하면 되는 줄 알고 직장생활을 한다. 그러다가 때가 되어 정년퇴직을 맞이하기도 하지만 대부분 정년이 오기 전에 어느 날 한직으로 밀리거나 실직위기에 처하기도 한다.

회사가 원하지 않는 직원을 제거하기 위해 가장 흔하게 쓰는 방법은 직원 스스로 제 발로 걸어 나가게 하는 것이다.

회사는 설혹 부당한 해고를 하더라도 해고를 합법적으로 보이게 만드는 다양한 방법을 쓴다. 해고 대상 직원의 업무 능력이 남들보다 떨어지는 것처럼 문서를 꾸미거나 아예 성공할 확률이 희박한 업무를 부여하고 낮은 인사고과를 받게 함으로 결국 법률적으로 판단할 때 정당한 사유로 해고 하는 것처럼 보이게 만든다.

대개 많은 직장인들은 이러한 부당 해고나 법적 조치에 대해 노동법과 근로기준법 등 노동관계법이 온전히 지켜 줄 것으로 생각하는데 그건 착각이다.

오늘 날 수많은 직장에서 벌어지는 구조조정을 보면 그러한 믿음과 지식은 현실과 다르다는 것을 알아야 한다.

특히 회사의 총무팀이나 인사팀은 위기에 처한 직원을 돕기 위한 부서가 아니라는 것을 알아야 한다. 이들 부서의 최우선 업무는 직원을 돕는 것이 아니라 회사와 직원간의 충돌로 대립 상황이 발생했을 경우 직원으로부터 회사를 보호하는 것이 기본 입장이다.

또 직장에는 언론의 자유가 없다는 것을 알아야 한다. 동료와의 자리에서 회사나 상사에 대해 비판이나 비난을 하면 시간문제일 뿐 반드시 상사나 회사의 귀에 들어가 부정적인 평가를 받는다는 것을 염두에 둬야 한다.

칭찬에는 발이 달려 있으나 비난과 험담에는 날개가 달려 있기 때문이다.

④

직장생활은 마라톤이다 :
직장생활도 마라톤처럼 자기 페이스 유지하며 달려야

직장 생활은 대개 20, 30년을 가야 하는 멀고 험난한 길이다. 인생을 흔히 마라톤이라고 하듯이 직장생활도 마라톤과 같다고 할 수 있다.

마라톤은 타인과의 경주 이전에 자신과 싸우는 경기이다. 특히 42.195 km의 마라톤 풀코스는 두개의 구간을 뛰는 경기라고도 한다.

이는 처음엔 약 30km 구간을 달린 후 나머지 약 12km 구간을 또 달린 다는 의미로 처음 약 30km까지는 자신이 그동안 다져온 실력과 체력으로 달리는 것이고 나머지 약 12km는 정신력과 의지로 가는 경기라고 할 수 있다.

마라톤은 이와 같이 단시간에 끝나는 것이 아니라 지루할 만큼 오래 걸리고 온 힘을 소진해야 하는 힘든 경주다. 오르막과 내리막이 있으며 고통이 있는가 하면 희열도 있다.

마라톤에서 가장 중요한 것은 끝까지 달려가되 자신의 페이스를 유지하며 달리는 것이다. 내리막이 있다고 해서 너무 빠른 속도로 달려서도 안 되고 오르막이 있다고 해서 너무 천천히 달려서도 안 된다. 많은 경쟁자들이 앞서 달려가더라도 너무 조급하거나 초조하게 생각해서는 안 된다. 그렇지 않으면 완주도 어렵고 부상을 당한다.

마라톤은 도구 없이 몸 하나만 사용함으로 축구, 럭비, 야구 경기와 같이 사람들과 육체적, 물리적으로 부딪히는 것이 아닌데도 의외로 부상이 많이 생기는 운동이다.

발바닥과 발가락에서부터 발목, 종아리, 무릎, 허벅지, 허리, 팔, 다리, 가슴, 목 등 신체 거의 전 부문에서 부상이 발생되는 운동이 마라톤이다.

그 이유는 기본적으로 충분한 연습과 훈련 없이 무리하게 달리기 때문이다.

개인적인 이야기를 하면 필자도 기록이 좋지는 않지만 42.195km의 마라톤 풀코스를 세 번은 완주해봤다. 물론 10km, 20km는 더 여러번 완주했다.

문제는 평소에 충분한 체력단련과 근력 강화를 제대로 안한 상태에서 너무 무리하게 풀코스를 완주하다보니 3번 중 2번은 완주 후 몇 달 정도 절룩거리며 걸어 다녔다.

한번은 막바지 연습으로 경기 며칠 전부터 무릎 통증이 심해 대회에 들고 가기 위해 꾸려놓았던 가방도 다 풀고 경기를 포기했다가 그동안 연습한 것이 너무 아깝고 내 의지력이 약해져서는 안 되겠다는 심정에 많은 고심 끝에 통증완화제와 항생제까지 먹고 출전해 완주를 했으며 또 한 번은 초반전인 약 13km 지점부터 아파온 무릎과 근육을 끌고 악으로 깡으로 버티면서 결국 풀코스 완주를 하긴 했으나 병원에서 무릎 수술을 권고 받을 정도로 심한 부상을 입는 경험도 했다.

본인의 경험상 마라톤은 절대 무리하게 해서는 안 된다. 마라톤은 절대 악으로 깡으로 하는 게 아니다.

마라톤에서 목표점까지 완주도 하고 부상을 막기 위해선 무엇보다도 재미로 뛰어야 한다. 뛰는 것 그 자체가 재미있으면 힘은 적게 들면서 몸이 가벼워지고 기분도 좋아진다.

마라톤에서 처음부터 목표를 너무 높게 잡아 시작하다가 중도에 포기하거나 부상당할 가능성이 높아지기 때문에 목표를 낮게 잡아 서서히 시작해서 점차 거리와 시간을 늘려 나가야 한다.

나답게 살아가는 직장인 체세술

직장생활도 마라톤을 할 때처럼 자기 페이스를 유지하며 달려야 한다.

또 마라톤은 초반부터 맨 앞에서 달릴 필요는 없지만 꼴찌 그룹에 뛰어서는 1등이 될 수가 없다. 마라톤에서 1등은 아니더라도 선두그룹에서 뛰어야 나중에 상(賞)도 바라볼 수 있듯이 직장생활도 사원 시절부터 어느 정도 좋은 평가를 받아야 임원 등 주요 간부가 될 때 좋은 결과를 얻을 수가 있다.

물론 상(賞)을 받지 못하더라도 마라톤에서 완주(完走)를 한 것만 해도 자랑이고 격려를 받듯이 직장생활도 그렇다. 잘 났든 못 났든 고위직까지 승진을 하든 못하든 직장생활을 끝까지 마친 것만으로도 모든 직장인은 자랑할 만하고 많은 격려를 받을 만하다.

마라톤 선수가 연습을 통해 몸을 만들어 기본 역량을 갖추고 출전해서도 자기 페이스를 유지해야만 42.195km의 풀코스를 완주할 수 있듯이 직장인 또한 항상 맡겨진 업무와 자기 관리를 부단하게 철저히 하는 등으로 각자에게 주어진 목표를 달성하고 난 후에 직장생활의 최종 결과는 마라톤의 후반 10여 km 구간처럼 그동안 밥을 사고 덕을 베풀며 저축해 놓은 회사와 동료, 상사의 평가에 맡기면 좋은 성과를 얻을 수 있다.

월급이란?
참아내는 값

급여, 월급의 의미로 쓰이는 'Salary'는 로마가 군인들의 품삯으로 주요 생필품인 소금sal을 주거나 때로는 소금을 구입할 돈을 별도로 지급했는데 이 때 '소금 살 돈'이라는 의미의 'salarium'이 salary라는 단어의 유래라고 한다.

몇 해 전 어느 대기업의 직원들이 월급이란 단어에 대한 의미 풀이를 했는데 "월급은 거북이처럼 느리게 들어왔다가 토끼처럼 빠르게 지갑을 나가 버리는 것", 또 "신기루처럼 눈에 보여서 잡았는데 정작 손에 잡히는 건 없는 것"이라고 표현했다.

월급으로 한 달 한 달 살아가는 직장인의 마음을 나름대로 잘 표현한 것이라고 본다.

좀 시니컬Cynical한 사회적 표현이지만 샐러리맨의 월급은 '참는 값'이라고도 할 수 있다.

즉, 직장 업무를 하면서 닥치는 일반적인 어려움과 수모는 물론이고 조직과 상사의 상식을 벗어나는 불합리와 온갖 교묘한 방법으로 탈세를 하거나 법을 어기는 부조리에 대해서도 눈을 질끈 감고 '참아내는 대가'를 직장인의 월급과 임금이라고 할 수 있다.

그래서 부인에게 쥐어준 남편의 월급에는
'상사에게 내어준 간과 쓸개가 들어있고'
'상사에게 고개 숙인 머리가 들어있고'
'상사에게 굽실거린 허리가 들어있다'고 한다.

거기에는 또
'더러워도 아부했던 입이 들어있고'
'보고도 못 본 척한 눈이 들어있고'
'욕하는 소리에도 참아야했던 귀가 들어있다'고 한다.

따라서 어떤 기업이 월급을 많이 준다면 또 어떤 직종이 연봉이 높다라면 거기에는 당연히 그럴만한 이유가 있다. 바로 그에 걸맞은 성과를 내야 하고 그에 따른 온갖 스트레스를 감내해야 하는 것이다. 즉 세상에 공짜 점심이 없다고 하듯이 높은 연봉과 편안한 직장은 공존할 수 없는 것이다.

월급의 의미를 좀 더 와 닿게 전달하기 위해 잠깐 필자의 개인적 고백을 하나 하면, 회사에서 처음으로 실시한 '고위직 공개경쟁모집'에서 임기 2년의 마케팅본부장(상무대우)직에 선발돼 업무를 수행하던 시절 리더의 앞뒤 다른 인격 등 변질된 리더십과 문제해결 능력에 실망해 제도적으로 보장된 보직의 임기가 1년 이상이나 남았지만 보직사표를 던진 결과 리더십의 흠집으로 소위 멘붕mental breakdown에 빠진 CEO는 나에게 무보직 발령을 내린 것과 함께 평직원으로 강등시켜 연봉이 수천만 원 줄어들게 했다.

실로 나에게 임금은 '참아내는 값'이자 '불합리와 부조리를 참아내지 않는 대가'임을 똑똑히 증명하는 것이었다.

또 월급이나 연봉은 회사에서 일을 함으로 각자의 꿈을 이루지 못하고 포기한 기회비용(機會費用)이기도 하다. 좀 이해하기 어렵고 엉뚱한 말 같지만 가만히 생각하면 이 말도 정말 틀린 말은 아닐 것이다.

일에 얽매여 꿈을 버린 사람이 얼마나 많은가?

그래서 회사마다 연봉협상을 할 때는 쉽게 해선 안 된다. 구성원이 각자의 꿈을 버리고 회사의 일을 하는 것이니까.

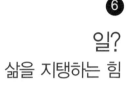

일?
삶을 지탱하는 힘

기본적으로 일이란 사람이 하고 싶어서 하는 게 아닌 듯하다.

성경에서도 "일이란 인류의 조상 아담이 하나님께 불순종함으로 후손들이 짊어지게 된 벌(罰)"로 설명되고 있다.

이러한 의미의 일을 즐겁게 하기 위한 가장 좋은 방법은 무엇일까?

그것은 자신이 좋아하는 일을 찾아 열심히 하는 것이다. 그러나 운 좋은 극소수를 제외하고는 자기적성에 맞고 사회적 인정도 받으면서 돈까지 많이 버는 그런 일과 직업을 가진 사람은 별로 없을 것이다.

따라서 자신이 좋아하는 일을 찾지 못했다면 자신이 하는 일을 좋아하는 것이 일을 통해 행복해지는 차선책이다.

직장인이라면 내가 왜 직장 생활을 하는가, 내가 왜 일을 하는가, 무엇을 위해 일을 하는가? 일을 통해 얻는 것은 무엇인가에 대해 나름대로 고민하고 답을 찾아야 한다.

일반적으로 일의 의미에 대한 가장 낮은 차원의 답은 호구지책(糊口之策)이고 가장 높은 차원은 자아실현이라고 이야기 한다.

그러나 많은 인생 선배들의 이야기를 들어보면 먹고 사는 차원에서만 직장과 일을 바라보면 먹고 살기가 점점 어려워진다고 한다. 고속승진 등 직장생활의 전설을 이뤄낸 대부분의 직장인들은 자신의 일에서 먹고 사는 것 이상의 의미를 찾아내고 그것을 위해 올인All in했던 사람들이다.

일은 수단이 아니라 목적과 체험 그 자체가 될 때 의미가 크고 생각 이상의 많은 성과를 낼 수 있는 것 같다. 단순히 먹고 살기 위해 직장을 다니고 일을 한다고 생각하면 좀 비참한 일이다. 일을 생계수단으로만 생각하지 말고 그 이상의 의미를 찾아야 한다. 일에 대한 자기만의 철학이 있어야 직장생활에서 벌어지는 온갖 삼라만상(森羅萬象)을 잘 이겨낼 수가 있다.

흔히 돈을 벌려고 일을 한다고 하는데 이 세상을 살아가는데 돈은 매우 중요하지만 돈이 가장 우선이 아님을 앞서 살아간 선인(先人)들이 누누이 강조했다.

세상살이에서 돈이 매우 중요하지만 돈은 그 자체보다는 그 쓰임으로 더 큰 의미를 얻는 것이다. 또 크고 대단히 중요한 일만 일이 아니라 작은 일이라도 소중히 여기고 자신이 하는 일 하나 하나가 소중한 체험이고 삶 자체라고 여기는 마음이 필요하다.

만약 직장인이 일은 똑 부러지게 잘 하지만 일이 즐겁지 않다면 잠시 일의 속도를 늦추고 자신이 하는 일의 참된 의미와 가치를 찾아서 자기의 것으로 정립해야 행복하고 즐거운 직장생활을 할 수 있을 것이다.

물론 그 가치가 막연한 것이 아니라 남들도 인정할 수 있을 만큼 명확하게 해야 한다. 그래야 더 가치 있는 사람이 된다. 그렇지 않으면 그저 돈을 벌기 위해서만 살아가는 돈의 노예에 지나지 않을 수 있다.

삼성그룹 창업자 이병철 회장도 일찍이 "돈의 노예로 살지 마라. 돈의 주인으로 기쁘게 살아라"고 말했다.

자신이 노동의 대가를 받기 위해 회사가 시키는 일만 하는 사람인지 그 일의 목적과 값어치를 알고 거기에 자신만의 일의 의미를 두는 사람인지에 따라 일에 대한 태도와 결과에 많은 차이를 보인다.

미국 36대 대통령 린든 존슨^{Lyndon Johnson}이 항공우주국 나사^{NASA}를 방문했을 때 콧노래를 흥얼거리며 바닥을 닦는 청소부에게 무슨 일을 하고 있느냐고 묻자 그가 망설임 없이 "우주선을 달에 보내는 일을 하고 있다"고 대답했다는 유명한 일화가 있다.

사람은 자기가 하고 있는 일에 보람과 긍지를 느끼지 못하면 불행한 일이다. 아무리 돈을 많이 벌어도 자기가 하는 일이 마음에 들지 않고 재미가 없다면 결코 행복을 느낄 수 없다.

그러나 하찮은 일이라 할지라도 자기 일에 의미를 부여하는 사람이 인생을 행복하게 살아가는 사람이고 조직에서 성장하고 장차 큰일을 해낼 사람이다.

채석장에서 돌을 다듬더라도 자기만의 건축물을 조각한다는 자부심을 갖고 있어야 하고 초등학교 앞에서 솜사탕과 붕어빵을 팔더라도 아이들의 건강과 웃음을 위해 팔 줄 알아야 하고 환경미화원이 새벽에 도로를 청소하고 쓰레기를 치우더라도 시민들의 명랑한 출근길을 만들고 깨끗한 사회를 만든다는 보람과 긍지를 느끼고 자부심을 가지면 남들이 기피하는 힘든 일도 즐겁고 행복하리라 본다.

인생을 즐겁게 살려면 자기 일에 큰 의미를 부여하지 않더라도 적어도 지금 하는 일을 싫어하지 않으면서 하는 것이 중요하다.

왜냐하면 죽을 때까지 우리 삶을 지탱하는 것은 사랑과 일이기 때문이다. 싫어하는 것을 평생 할 수는 없지 않는가?

과거의 리더는 일을 잘 해나가는 방법을 가르쳐주는 사람이면 됐다. 하지만 이제는 달라져야 한다.

조직원에게 일의 의미를 깨우쳐 주는 사람이 진짜 리더다.

7장

직장 내 인간관계

직장은 혼자 일하는 곳이 아니다:
내편이 아니더라도 적을 만들지 마라

직장생활을 하는 사람들에게 직장이라는 공간은 가정 다음으로 중요한
삶의 터전이다. 어쩌면 가정은 잠깐 잠만 자고 아침밥만 얻어먹고 나오는
하숙집 같기도 하지만 그 보다 더 많은 시간과 에너지를 직장에 발산시키
는 측면에서는 그 순위가 바뀔 수도 있다.

이러한 중차대하고 복잡다단한 직장에서 승자로 살아남을 수 있는 전
략으로 좋은 인간관계와 풍부한 인맥의 중요성을 무시할 수 있을까? 직장
에서 일만 잘하면 되지 왜 인간관계까지 신경을 써야 할까?하는 의문이 들
기도 한다.

그러나 직장에서 가장 많은 시간을 할애하는 것이 무엇인가를 안다면
답은 즉시 나온다. 바로 커뮤니케이션communication이다. 사회학자들의 한 조

사 결과 "직장 내 구성원들이 일하는 시간의 70%를 커뮤니케이션 활동에 쓰는 것"으로 나타났다.

직장인들이 이같이 커뮤니케이션에 많은 시간을 할애한다는 것은 직장인 개개인이 절대 독립적인 개체로서는 주어진 업무를 원활하게 수행하기가 어렵다는 말이다.

직장 내 소통 여부가 자신의 업무 달성에 큰 영향을 안 준다고 느끼고 일만 잘하면 된다고 생각할 수도 있지만 일도 잘하면서 구성원 간에 소통까지 잘 된다면 직장 내에서 승진이 빨라지고 연봉도 올라가는 것이 성공한 직장인으로 성장하는 밑거름이 될 것이다.

빅 데이터Big Data 분석 전문업체인 다음소프트가 트위터와 블로그의 데이터 2백여 만 건을 분석한 결과 요즈음 직장인들이 가장 많이 검색하는 단어는 '파랑새 증후군bluebird syndrome' 과 '번아웃 증후군burnout syndrome' 이라고 한다.

파랑새 증후군은 "사회에 적응하지 못하거나 직장생활에 만족하지 못하고 이상만을 추구하는 증세"이고 번아웃 증후군은 "하루 종일 고강도의 근무로 퇴근하자마자 무기력에 빠지는 현상"이다. 이는 많은 직장인이 직장생활을 힘들어 한다는 증거이다. 직장인은 왜 이렇게 힘들어 할까?

다음소프트가 빅 데이터를 통해 원인 분석을 한 결과 직장생활에 가장 큰 고민은 '사람'이라는 것. 즉 인간관계 때문에 힘든 것으로 나타났다. 그 다음이 '일'이다.

일을 하러 직장에 나갔는데 본연의 일보다는 사람 때문에 더 힘들다는 결론이다.

그렇다면 어떻게 사회생활을 잘 할 수 있을까?

사회생활에서 인간관계 스트레스를 덜 받기 위해서는 '아무리 조심해도 누군가는 날 싫어하게 되고 나도 누군가를 싫어할 수밖에 없다'는 사실을 받아들이는 자세가 필요하다.

이를 위한 구체적인 방법으로는 너무 뻔한 얘기 같지만 '근태' '인사' '소통'으로 성실하게 근무하며 인사도 잘하고 대화를 많이 하라는 것이다.

또 함께 일하고 싶은 상사와 동료의 기준이 2006년에는 '능력'이었는데 2010년 이후에는 '배려'하는 상사와 동료가 1순위라고 한다. 결국 인간관계를 잘 하라는 것이다. 직장생활을 잘 하기 위해서는 빅 데이터의 분석 결과를 귀담아 들어야 할 것이다.

직장을 말 그대로 일터로만 여기는 사람들이 있는데 직장이란 일터는 단순히 혼자 일하는 곳이 아니라 '여러 사람이 모여서 일하는 터'이다. 거기에는 내가 좋아하는 사람도 내가 싫어하는 사람도 있고 나를 좋아하는 사람도 나를 싫어하는 사람도 섞여 있다. 따라서 그만큼 여러 구성원들 간의 커뮤니케이션과 관계가 중요시 되고 함께 더불어 사는 곳이 직장이다.

직장뿐만 아니라 어떤 조직에서도 성공하려면 우선 우군(友軍)이 많이 있으면 좋고 우군이 없더라도 소위 딴죽을 걸고 방해하는 사람이 없어야 한다.

이와 관련한 처세술과 관련해 여러 저술을 한 중국의 여류작가 스샤오엔은 『내편이 아니라도 적을 만들지 마라』는 책을 통해 "적을 만들지 않는 사람이 성공한다"고 강조한 것은 비교적 적이 많은 나의 경험으로도 너무나 와 닿고 유용한 가르침이라고 하겠다.

또 전설적인 체조 요정 루마니아의 코마네치Nadia Comaneci도 인생을 통해 터득한 것이라며 몇년 전 국내 한 언론과의 인터뷰에서 "삶에 적을 만드는 것은 득이 되지 않는다. 친구를 가까이 하되 적은 더 가까이 해야 한다. 그래야 강해지고 행복해진다"고 말했다.

직장생활에서 때로는 '1명의 적이 100명의 내 편보다 더 무서운 것'임을 꼭 알아야 한다. 물론 업무능력이 뛰어나면 좋겠지만 같은 학력에 같은 조건으로 뽑은 직원의 능력은 간혹 아주 특별한 사람이 있는 것을 제외하고는 대개 거기서 거기라고 본다.

따라서 직장생활은 사람과 사람이 부대끼는 곳이고 그 사회생활에서 제일 중요한 게 어쨌든 적을 안 만드는 것이다. 그렇게 하기 위해서는 '눈으로라도 상대방을 미워하지 말아야 한다'

자신을 이해하고 도와줄 인맥을 형성해 우군으로 둔다면 그만큼 든든한 직장생활도 없을 것이다.

흔히 냉엄한 국제사회를 이야기할 때 "영원한 적도 영원한 동지도 없다"고 하는데 이 말은 직장 내의 인간관계에서도 그대로 적용된다.

인간의 운명은 타고 나는 것이지만 직장 생활의 운명은 관계 속에서 결정된다. 또 공부를 잘해서 성공한 사람보다 사람을 잘 만나서 성공한 사람이 더 많다는 것도 유념해야 한다.

❷

인자무적(仁者無敵) 법칙:
가시 달린 나무는 한 아름 되는 굵은 나무가 없다

초반 결혼생활에 어려움을 겪는 사람들의 공통적인 요소는 서로 남녀에 대한 기본적인 이해가 부족하기 때문이라는 평가가 일반적이다.

결국 사람에 대한 이해가 부족한 것이다.

남녀 간의 결혼생활이 그렇듯이 대부분 직장인들의 직장생활이 힘든 까닭도 역시 사람에 대한 이해가 기본적으로 부족하기 때문이다.

사람에 대한 이해가 부족한 직장인은 대개 자신의 기준에다 사람을 끌어다 맞추는 경향이 있는 것 같다.

자신이 오래전부터 갖고 있는 가치관이나 선악간 시비 등의 기준에다 주위 사람들을 대입, 비교하기 때문에 어떤 사람과 그 사람의 행동에 대해 도저히 이해가 안 되고 불만이 더욱 더 많아지는 것이다.

어떤 사람의 범죄 행태에 대한 이해와 설명에 성선설(性善說)을 기준으로 하느냐 성악설(性惡說)을 기준으로 하느냐에 따라 사건의 원인에 대한 분석과 이해 정도가 크게 달라지는 것과 같다고 하겠다.

그렇듯이 도저히 이해 못할 인간을 이해하고 내 사람으로 만들기 위해서는 무엇보다도 사람은 누구나 불완전한 존재라는 점을 인정해야 한다.

100% 순금이 없듯이 이 세상에는 완벽한 사람도 없는 것이다.

더 나아가 사람들은 절대로 자기와 똑같지 않다는 것을 알아야 한다. 키가 큰 사람과 작은 사람이 있고 뚱뚱한 사람과 홀쭉한 사람이 있듯이 사람들의 성격과 내면도 각자 조금씩이나마 다른 특성을 갖고 태어나고 살아간다고 이해하는 것이 바람직하다.

또한 대부분의 인간관계에서 우리는 공평함을 기대한다. 내가 하나 주면 너도 하나 줬으면 하고 내가 호의를 표시하면 상대방도 나에게 호의를 표시하길 바란다.

인간관계에서 남에게 베풀고 양보를 해서 안 좋아하는 상대방은 아무도 없다. 그런 의미에서 코글로닷컴^{koglo.com}이금룡 회장이 말하는 '인자무적(仁者無敵) 51대 49의 법칙' 이 주목된다.

"비즈니스에서 51대 49의 법칙이 있다. 이익을 분배할 때는 내가 49를 갖고 상대방에게 51을 주면 나는 비록 1을 양보하지만 상대방은 2를 받았다고 생각한다. 조금만 양보하면 상대방은 내가 준 것 보다 많이 받았다고 생각하는 것이다"

인간관계를 유지할 때나 인맥을 맺을 때 기억해야 할 정말 중요한 법칙이 아닌가 생각된다.

또한 인간관계 문제는 나무들의 모습에서도 그 답을 찾을 수 있다.

깊은 산속에 가면 어른이 두 팔을 벌려 감싸 안을 정도의 아름드리 나무들을 많이 볼 수 있는데 참 재미나게도 유독 가시가 달린 나무는 한 아름 되는 굵은 나무를 찾아보기 어렵다.

아카시아 나무와 찔레나무, 탱자나무 등 가시가 달린 나무는 한 아름 되기까지 굵게 크지를 않는 것이다.

즉, 나무도 가시가 없어야 한 아름 되는 큰 나무가 되어 집을 지을 때 기둥이나 서까래 등 다용도로 쓸 수 있으나 가시가 있는 나무는 불을 땔 때에

아궁이에나 들어갈까 쓸데가 별로 없는 것이다.

사람도 마찬가지이다. 만나기만 하면 말과 글이라는 가시로 상대방을 콕콕 찌르고 사람의 마음을 후벼 파 내고 상처를 주는 사람은 좋은 인간관계를 만들지 못한다.

가시가 없고 만나면 그저 좋고 편하고 배울게 많은 사람이 적을 만들지 않고 훌륭한 리더로 자라고 직장생활에서 성공할 가능성이 높은 것이다.

인맥 늘리기:
가까이 있는 사람들 잘 해줘야 멀리 있는 사람도 찾아와

항상 다른 사람들과 좋은 관계를 유지하고 지인들을 통해 도움을 주고 받는 데 능한 사람들은 주위 사람들에게 많은 부러움을 사기도 한다. 사람을 잘 만나고 그 관계를 유지하는 것은 기본적으로 그만큼 노력해서 얻어지는 결과라고 봐야 하기 때문에 '인맥(人脈)' 역시 '능력'이다.

이런 측면에서인지 가끔 자신의 핸드폰에 저장된 번호가 엄청나게 많다는 것을 이야기 하는 사람들을 접하게 되는데 인맥이 넓다고 슬며시 자랑하고 으스대는 것이다.

그러나 엄밀히 말하면 많은 사람을 안다는 것과 인맥이 넓다는 것은 다른 것이다.

선거에서도 인지도와 지지도가 아닐 때가 있듯이 제대로 된 인맥은 짝사랑 하듯 하는 혼자만의 일방통행이 아니다.

인맥이란, 단순히 어떤 사람과 안면이 있다는 것이 아니고 자신이 얼마나 많은 사람들을 알고 있는가가 아니라 얼마나 많은 사람이 자신을 잘 알고 있느냐는 것이다.

결정적 순간에 내 편이 되어줄 사람이 없다면 그건 인맥이 아니라 허세(虛勢)이자 스치고 지나가는 바람일 뿐이다.

어떤 사람이 어려움에 처해있을 때 얼마만큼의 사람들이 진정성을 갖고 그 사람을 돕느냐가 인맥의 크기와 힘이라고 봐야 할 것이다.

즉, 인맥이란 어떤 좋은 일이 있을 때나 어려움이 닥쳤을 때 자기 마음이나 가족과 같이 축하하며 좋아하고 또 문제 해결을 위해 자문을 구하거나 걱정하며 조금이나마 도움을 주고받을 수 있는 인간관계인 것이다.

특히 바람직한 인맥(人脈)은 "어려울 때 친구가 진짜 친구다^{A friend in need is a friend indeed}"라는 외국 속담도 있듯이 '성공한 시기에 함께 하는 동반자이기보다는 실패한 시기에 아픔을 함께 나누는 이가 친구다'라고 하겠다.

그러면 '인맥'을 만들기 위해서 무엇을 어떻게 해야 할까? 인맥은 어느 날 하루아침에 만들어지는 것이 아니라 작은 불꽃이 큰 불을 만들어 나가 듯 가까운 사람부터 시작하여 서서히 주변으로 확대되어 나가는 것이다.

"가까이 있는 사람들을 잘 해줘야 멀리 있는 사람도 찾아온다"는 공자 의 '근자열 원자래(近者悅 遠者來)'가 친구관계를 망라한 모든 인간관계에 적용되는 원칙이라 할 수 있다.

이 원칙에 따라 직장 내 인간관계를 잘하고 인맥을 넓히려면 당장 옆에 있는 직장상사나 동료, 부하직원으로부터 마음을 열고 자주 차나 밥을 같이 먹고 대화를 나누는 방법으로 다가가야 할 것이다.

또 인맥을 새로 만드는 것도 중요하지만 기존의 지인들을 활용하여 진정한 자기 인맥을 만드는 것이 중요하며 믿을 수 없는 내 편을 자꾸 늘리는 것 보다는 눈에 보이는 적을 한 사람이라도 줄여 나가는 것이 중요하다고 하겠다.

한 번 맺은 인연과 만남을 소중히 간직하여 오래도록 필요한 사람으로 남겨두기 위해서는 시간적, 물질적인 노력이 요구된다. 이를 위해선 '비 올 때만 사용하는 우산' 처럼 주변 사람들을 필요할 때만 이용하는 편의적 행위는 하지 말아야 한다.

깨끗한 우물물을 먹기 위해서도 당장 목마르지 않다고 해서 우물에 침

을 뱉거나 돌을 던지지도 않고 항상 깨끗이 관리해 놓아야 하듯이 사람관
계도 언젠가 도움을 받기 위해서는 당장은 필요 없더라도 우호적인 관계
를 유지시켜 놓아야 한다.

　인맥은 변하는 것이고 모든 사람은 다른 세계를 향해 열려있는 새로운
문이다.

오해는 잡초와 같아 빨리 제거해야:
오해는 끊어진 관계보다 더 불편해

세상을 살다 보면 사람들끼리 가끔 오해를 하기도 하고 오해를 사기도 하는데 좋은 인맥과 인간관계를 유지하기 위해서는 오해가 생기면 즉시 해결해야 한다.

조그만 오해라 하더라도 그냥 내버려 두면 오해는 마치 잡초와 같아 어느새 훌쩍 자라고 거칠어져 사람들이 오고 가는 왕래의 길을 가로 막으며 인간관계를 차단하게 된다.

대개 오해는 사소한 의견 차이에서 비롯되며 의사소통 장애로 점점 증가한다. 산처럼 거대한 둑도 작은 구멍 때문에 무너지듯 인간관계의 소원함도 작은 오해에서 비롯된다.

오해가 생김으로서 발생하는 문제점은 서로 비협조적으로 나오는 선에서 끝난다면 모를까 적대적으로 나오면 답이 없다.

오해의 인간관계는 아예 끊어진 관계보다 더 불편하고 더 불행한 면이 있다.

따라서 오해는 그냥 가만두면 안 된다. 상대방이 이해할 수 없을 말을 했을 때에는 대충 넘어가서는 안 된다.

남녀사이에서도 그렇지만 특히 직장생활에서 상사의 오해를 산다면 즉시 해소하는 게 직장생활을 잘하는 기본이다.

평소 대화 중 상대방이 내게 하는 말 가운데 이해가 안 되면 이해가 안 된다고 되묻고 섭섭하면 섭섭하다고 말 하면서 가능한 빨리 오해(誤解)의 소지를 없애야 한다.

세상살이에 아무렇게나 말을 해도 탈이 없을 정도로 가깝고 인정어린 인간관계는 아무도 없다.

8장

승진의 비밀

승진?
새로운 도전과 성장의 기회

직장인에게 승진이라는 단어처럼 신경 쓰이는 말은 찾기 힘들 것이다.

기본적으로 자신이 승진하면 당연한 것이고 매일 어깨를 나란히 하던 동료나 후배가 먼저 승진하면 마음이 좀 불편하기도 하고 때로는 등에 칼이 꽂힌 듯한 충격과 쇼크를 느끼기도 한다.

승진을 빨리 한다는 것은 요즈음 직장생활에서는 빨리 퇴직할 가능성도 없지 않아 승진을 미루는 직장인도 있으나 승진은 대부분의 직장인이 바라는 것이고 새로운 도전이자 성장의 기회이다.

승진을 하면 단지 타이틀만 좀 바뀌는 것이 아니라 새로운 역할이 주어지며 운용할 수 있는 인적·물적 자원이 커지면서 조직 내 영향력이 증대

되고 지금까지 경험하지 못한 세계를 접하게 되는 기회가 주어지게 된다.

승진 대상자들은 승진하기 전부터 승진한 후의 역할에 대한 고민과 역할 훈련을 게을리 하지 말아야 한다.

왜냐하면 승진은 그 사람이 새로운 직위에 적합한 업무를 수행하기 위해 어느 정도의 역량을 갖추었다는 판단 하에 내려지는 것이므로 당사자는 승진이 되자마자 빠른 시기에 이를 증명하지 않으면 안 된다.

이를 위해선 자신이 그 위치에 올랐을 때 어떻게 할 것인지를 끊임없이 생각하고 마인드 맵mind map화를 하는 일을 생활화하고 노력해야 한다.

병아리 수준의 실력을 갖춘 사람에게 독수리의 업무를 맡기지는 않기 때문에 무엇보다도 사물을 바라보는 시각부터 길러야 하는 것이다.

이를 위해 전문기관으로부터 훈련을 받을 필요까지는 없으나 단지 만약 내가 부장이 된다면 혹은 본부장이 된다면 어떤 방법으로 업무를 수행하고 조직 내 커뮤니케이션을 어떻게 하며 부하들을 어떤 방향으로 육성해 나가겠다는 구상과 생각을 가다듬는 내면적 훈련을 할 필요가 있다고 본다.

이러한 훈련을 충실히 한 사람은 승진이 되면 곧 바로 자신의 직위에 적합한 업무를 수행하고 주목할 만한 실적을 내어 조직의 기대에 부응할 수 있는 것이다.

조직은 승진한 사람의 성과를 오래 기다려 주지 않는다.

2

피터의 법칙(Peter's Law):
승진은 자기가 잘하던 일에서
　　못하는 새로운 일로 옮겨가는 과정

누구를 승진시켜야 하는 걸까?

대개 승진의 첫 번째 기준으로 현재 담당 업무와 직책에서 상대적으로 성과가 뛰어난 사람을 승진 시키는 것이라고 생각한다.

그러나 성과를 기준으로 하는 승진은 사원에서 대리나 과장 정도까지의 초급 간부 승진에 적용하면 되는 기준이지 고위직 등 모든 분야의 승진 기준이 되어서는 안 된다.

초급 간부로의 승진은 대상자가 워낙 많은데다 인사부처나 CEO가 각 개인에 대해 깊숙한 곳까지 판단할 수 없기 때문에 눈에 띄는 성과와 인사 고과를 위주로 승진을 시키는 게 일반적이다.

그러나 만약 이러한 기준만으로 전 분야에 승진을 시킬 경우 과장답지 않은 과장과 부장답지 않은 부장 또는 임원이 되기에는 2% 모자라는 임원과 사장이 되기에는 뭔가 부족한 사람이 사장이 될 가능성이 높아진다.

물론 승진에는 보상적 성격도 강하기 때문에 현 직위의 일을 잘하는 사람을 승진시키는 것이 그렇지 아니한 경우보다는 낫긴 하겠지만 오직 실적과 성과만을 적용할 경우 각각의 새 직위에 부적합하거나 함량 미달인 사람이 그 직위를 꿰차고 앉아 기대 이하의 성과를 보일 가능성이 높다.

흔히 스포츠 분야에서 선수시절에는 탁월했으나 감독을 맡겼더니 너무 기대 이하의 성과를 내는 경우를 지칭해 훌륭한 선수가 훌륭한 감독이 된다는 보장이 없다는 말이 있듯이 단순히 한 분야의 성과만을 기준으로 조직의 관리로 승진시키면 이른바 '피터의 법칙'이 발생해 부하직원에게 누가 되고 조직 발전에 저해가 된다는 것이다.

'피터의 법칙Peter's Principle'은 특정 분야의 업무를 잘해 낼 경우 그 능력을 인정받아 승진하게 되는데 직위가 높아질수록 자신이 감당할 수 없는 영역까지 관리하다 보면 오히려 능률과 효율성이 상대적으로 떨어지고 급기야 무능력한 수준에까지 이르게 된다는 법칙이다.

캐나다 출신의 미국 컬럼비아대학 교수 '로렌스 피터Laurence J. Peter'에 따르면 조직에서 자신이 맡은 일을 열심히 하고 좋은 실적을 내게 되면 그 사람은 실적에 대한 좋은 평가 때문에 승진을 하게 된다. 하지만 승진한 지위에 오르게 되면 그 사람은 새로운 일에 대해서는 전혀 경험과 지식이 없는 신임이 된다.

그러다가 다시 열심히 일을 익히고 배워서 그 일에 능숙해지면 그 사람은 다시 또 승진하게 되어 업무의 능률이 떨어지는 일이 반복된다는 것이다. 결국 '승진이라는 것은 자기가 잘하던 일에서 못하는 새로운 일로 옮겨 가는 과정'이라는 모순을 피터의 법칙은 설명하고 있다.

따라서 승진을 시킬 때 피터의 법칙으로 인한 저주와 해독을 조금이라도 줄이려면 현 직위에서 성과뿐만 아니라 오히려 현 직위에서 성과는 좀 좋지 못하지만 그보다 더 큰 일이나 다른 분야의 일이라면 더 잘 해낼 수 있는 사람을 골라낼 수 있는 미래 기준을 적용하는 것이 필요하다.

즉, 현 직위에서의 성과는 승진의 필요조건일 뿐이고, 충분조건은 '상위 직위에서의 성과 창출 능력'인 것이다.

특히 고위 임원이나 경영자를 승진시킬 경우는 자신이 일을 잘해서 탁월한 성과를 내는 것보다 자신의 휘하 임직원들이 일을 잘해서 자신이 책임지고 있는 조직 전체가 상대적으로 탁월한 성과를 내도록 할 수 있고 조직 시너지를 창출할 수 있는 리더십과 능력을 갖추고 있는지를 잘 파악할 수 있어야 한다.

"공(功)이 있는 사람에게는 상(賞)을 주고 능력(能力)이 있는 사람에게는 자리를 주라"는 말은 논어(論語)에 나오는 공자의 말씀이자 동서고금의 인사원칙인 것이다.

이와 관련해 직장에서 일을 잘해 성과를 많이 낸다고 해서 줄 상이 승진 외에 뭐가 있느냐? 공이 있는 사람에게 줄 상이 없으니까 승진을 시켜 줄 수밖에 없지 않느냐?는 반문(反問)을 할지 모르나 당사자에게 보너스를 대폭 준다든지 금전적인 배려를 하는 길도 있다고 본다.

물론 성과를 많이 낸 직원이 승진에도 걸맞은 요건을 갖추었다면 승진도 시키면 되는 것이다. 단지 성과를 많이 내고 실적이 좋다고 해서 다 승진을 시키는 경우 문제가 있다는 것이다.

피드백 속도는 승진속도와 비례:
피드백 잘하는 직원이 상사의 평가 잘 받아

승진을 하기 위해 필요한 중요한 일이 무엇일까? 기본적으로 직장인으로서 당연히 '일을 잘하는 것'이다

일반적으로 능력을 최대한 발휘해 맡은 업무를 실수 없이 잘 해내는 것은 물론 경쟁자와 비교되는 차별적인 '성과'를 내면 인사이동 때에 당연히 '성과'가 좋은 사람의 이름이 승진대상자로 오르내리게 된다.

특히 주어진 일만 하는 사람보다는 새로운 일을 찾아 더 많은 일을 해결하고 끊임없이 실적을 올리는 사람이 주목을 받고 '승진'으로 가는 지름길에 서게 되는 것이다.

그러나 승진이란 실적이 좋다고만 되는 것이 아니다. 인간관계를 비롯

해 여러 분야에서 조직이 인정할만한 실력과 능력을 키워야 한다. 승진에서 가장 간과해서는 안 되는 것이 특히 대인관계이다. 기업에서 일을 시키는 것도 사람이고 사람을 통해 일을 하고 일을 잘 하는지를 가려내는 시스템도 바로 '사람' 이 담당하고 있다.

업무평가를 하는 것도, 승진을 결정하는 것도 결국 모두 '사람' 이니까 인간관계를 무시한 채 자기 자리에만 앉아 그저 일만 한다면 승진은 손이 닿을 수 없는 먼 곳에 머물게 된다.

인간관계의 핵심은 사람을 만나서 정을 쌓는 것이다. 모든 사람에게 잘 할 수는 없지만 평소에 동료 직원과 잘 어울리는 등 인간관계를 잘하고 많은 사람들에게 존경을 받는다면 승진은 자연스럽게 뒤따라온다고 해도 과언이 아니다.

특히 고위 임원과 CEO급 경영자로서의 승진은 조직 전체의 운명을 좌지우지 할 수 있는 사람들이기 때문에 성품과 인격이 무엇보다도 중요하고 많은 사람들의 평판에 의해 검증되기 때문에 동료들과 부하들의 존경을 받고 같이 일하고 싶어 하는 사람으로 평가받아야 승진에 우위를 점하게 된다.

승진과 관련해 빼 놓을 수 없는 또 하나의 중요한 요소는 바로 '피드백 feed back' 이다.

피드백이 빠른 직원과 그렇지 못한 직원에 대한 평가는 분명 다를 수밖에 없다.

직원들 중에는 업무지시를 해도 알아들었는지 못 알아들었는지 도통 감(感)을 잡을 수 없는 직원이 있는가 하면 알아듣기는 한 것 같은데 언제쯤 보고 할 것인지 상사를 마냥 기다리게 하는 직원도 있고 대답은 엄청나게 잘 하는데 실제로는 그 일을 하고 있는지 안하고 있는지를 도대체 알 수가 없어 일일이 체크해야 하는 직원들도 있다.

그러다보니 피드백을 잘하는 직원이 다른 직원들보다 상사의 평가가 좋을 수밖에 없다. 피드백은 업무 지시에 관한 것뿐만 아니라 e-메일이나 문자를 받았을 때에도 가능한 빨리 답신을 해주는 기본적인 에티켓과 매너도 포함된다.

능력과 실력으로 업무에서 만족할 만한 실적을 만들어 내는 것 뿐만 아니라 기본적인 예의와 센스, 붙임성까지 갖춘 직원이라면 승진 속도는 빠를 수밖에 없을 것이다.

즉 '직장인의 피드백 속도는 승진속도와 비례한다' 고도 할 수 있다.

4

승진할 때가 있다면:
상사들이 일하는 것이 성에 차지 않을 때

엉뚱한 자문자답이지만 만약 직장인마다 '승진할 때'라는 것이 있다면 그때가 언제일까?

그것은 제대로 된 직원의 눈에 상사들이 일하는 것이 도무지 성에 차지 않고 불만스러워지는 일이 자주 발생하게 되면 그 때가 바로 그 직원을 승진시켜야 할 때가 아닌가 생각된다.

저 상사는 왜 일을 저렇게 밖에 못할까? 내가 저 자리에 있다면 훨씬 더 잘 할텐데 하는 생각이 자주 들면 승진을 할 때가 된 것이다.

이를 인사권자의 입장에서 본다면 승진은 상사의 기분이나 맞추고 안전한 돌다리나 밟으며 여우같이 약은 짓을 하며 승진을 향해 계획적으로 매진하는 직원에게 줄 것이 아니라 연차를 떠나 승진을 시키지 않으면 높아진 안목과 업무에 대해 넘치는 의욕과 열정을 감당하지 못하게 된 직원을 발탁 승진시켜주는 것도 경쟁을 통한 조직의 활력을 높이는 한 좋은 방법이 될 것이다.

이를 위해서는 직원들 중에 누가 마치 어린아이가 몸이 자라 상대적으로 작아진 옷에서 단추가 떨어지고 바지 재봉이 뜯어지는 것 같은 현상을 보이는지 조직을 구석구석까지 꿰뚫어 볼 수 있는 통찰력을 인사권자는 갖고 있어야 한다.

이것을 '발탁인사' 라고 하겠다.

난세를 살아가는 직장인 처세술

9장

리더십 단상

미네르바의 부엉이와 속삭이는 노예

헤겔Georg Wilhelm Friedrich Hegel의 법철학 서문(序文)에는 "미네르바의 부엉이
는 황혼녘에 날아오른다"고 적고 있다.

미네르바Minerva는 희랍신화에 나오는 지혜의 여신으로 황혼녘 산책을
즐겼는데 산책할 때마다 부엉이를 데리고 다녔다고 한다.

지혜의 여신 미네르바가 왜 부엉이를 가까이 했고 미네르바의 부엉이
는 왜 황혼녘에야 날아올랐을까? 부엉이가 야행성 동물이기 때문일까?

부엉이가 어둑어둑해지는 황혼녘에야 날아오른다는 이 메타포metaphor는
'낮 시간동안 벌어졌던 세상의 온갖 복잡함과 변동은 어둠이 밀려오면서
가라앉은 시점에서야 비로소 그 세계를 냉정히 바라볼 수 있기 때문'으로

해석된다.

지혜의 여신 미네르바가 이러한 부엉이를 자신의 어깨에 앉혔다는 것은 부엉이를 귀 가까운 곳에 위치시켰고 귀 가까이 두었다는 것은 끊임없이 부엉이로부터 어떤 지혜를 들으려 했다는 것을 의미한다.

지혜의 여신이 부엉이를 가까이 했듯이 로마의 권력자들은 '속삭이는 노예'를 가까이 두었다.

고대 로마 공화정 시절에는 장수(將帥)가 전쟁에서 큰 전공을 세우고 귀국하면 대대적인 개선행진을 하도록 했다. 이 개선 행진식은 로마인으로서 가질 수 있는 최고의 영광으로 네 마리의 백마가 이끄는 전차를 타고 많은 시민들로부터 대대적인 환호를 받도록 함으로 그 순간은 영웅(英雄)을 넘어 살아있는 신(神)이 된다.

그러나 개선장군이 타고 있는 전차에는 노예 한 명도 같이 타고 가면서 일정한 간격으로 다음과 같은 말을 되풀이했다고 한다.

"Memento mori" (죽음을 기억하라).
"Respice post te, hominem te esse memento"
(뒤를 돌아보라, 당신도 죽게 되는 한낱 인간임을 기억하라).

이는 전쟁에서 이기고 의기양양하게 개선하는 장군들에게 인간의 유한성을 깨닫게 해 지나치게 우쭐하거나 자만심에 도취되지 않도록 하기 위한 것이었다고 한다.

또 옛날 도(道)를 닦아 고명(高名)한 인물들 중에는 집안 뒤뜰에 말뚝 하나를 박아놓고 절을 하는 경우가 있었다고 한다.

이유는 더 이상 자기를 가르칠 스승이 없었기 때문에 말뚝을 스승 삼아 거기에 절함으로써 오만(傲慢)에 흐르기 쉬운 마음을 가다듬은 것이었다고 한다.

이 시대 모든 리더에게도 '미네르바의 부엉이'와 '속삭이는 노예'가 필요하고 때로는 '말뚝 선생'도 활용하려는 결단과 지혜가 필요하리라.

TGI Monday를 외치자

인류의 가장 위대한 발명품은 무엇일까? 대개 에디슨의 전기와 구텐베르크의 활판인쇄술, 플레밍의 페니실린 등을 손꼽을 것 같다.

지난해 2015년 3월 사망한 싱가포르의 리콴유(李光耀) 전 수상은 흥미롭게도 '에어컨'을 꼽았다고 한다. 리콴유 수상의 주장에 동의하지 않는 분들도 많이 있겠지만 상하(常夏)의 무더위 속에서 살아가는 동남아인들의 입에서는 마땅한 이유 같기도 하고 무더위를 물리쳐주는 에어컨의 기능과 역할을 강조한 발언이라 생각된다.

인류의 위대한 발명품은 각자 보는 시각과 환경에 따라 다를 수가 있다.

나는 라면을 즐겨 먹지 않지만 라면이야말로 대한민국 주부들의 입장에서는 대부분의 가정에서 한 끼 식탁 걱정을 덜어주니 그야말로 라면은 인류의 위대한 발명품으로 라면을 발명한 사람에게 노벨 과학상이나 노벨 경제학상을 줄만하다고 생각해 보기도 한다.

물론 급속한 IT 시대를 열어가는 인터넷의 탄생을 가장 위대한 발명품으로 선정해도 될 것 같다.

10여 년 전 지방본부 근무 시절 월요일마다 새벽 미명에 KTX를 타고 대구와 마산을 향하곤 했다. 월요인지라 거의 빈자리 하나 없이 가득한 객실에는 열차를 타자마자 눈을 감고 부족한 잠을 자고 있거나 신문이나 책을 읽는 모습 그리고 늦게 도착해 허겁지겁 달려와 막 출발하려던 열차와 경주하듯 간신히 올라 타 한동안 숨을 헐떡거리는 군상(群像)들을 바라보노라면 모두가 또 다른 나의 초상(肖像)으로 다가왔다.

피터 드러커가 '지식에다 지식을 적용해 새로운 지식을 창출하는 과정'을 가장 위대한 발명품이라는 견해를 피력했는데 '한 겨울 이불 속의 따뜻한 잠자리를 박차고 일어나 찬 공기와 어둠속을 헤치며 한 시대를 살아가는 직장인들의 그 발걸음' 이야 말로 진정 우리 모두가 찬사를 보내고 격려해야 할 새로운 창의적 행동이 아닌가 싶다.

이런 의미에서 매주마다 반복되는 일상사 이지만 동변상련(同病相憐)의 연민과 함께 묘한 삶의 희열감을 느끼면서 '아침마다 출근하는 직장인들의 발걸음'이 특히 '월요일'이 역사 발전의 원동력이고 인류의 위대한 발명품 중의 하나가 아닌가 하는 생각을 해 본다.

과연 나만의 엉뚱함일까?

힘든 출근길을 헤쳐 나가는 이 세상의 모든 직장인들이 출근하는 것을 재미있어 하고, 직장이 있고, 일이 있는 것을 감사하고 행복해 하는 월요일이 되었으면 한다.

현대그룹 고(故) 정주영 회장은 "나는 날마다 회사를 출근할 때 소풍가는 기분으로 나갑니다. 일하러 나가는 것이 아니라 소풍가는 날처럼 즐거운 마음과 희망을 갖고 오늘 할 일을 그려봅니다"라고 말했다고 한다.

이수창 생명보험협회장은 삼성생명 사장 재직시 "신입사원 시절부터 사장을 꿈꿔 왔고, 회사에 출근하고 싶어 새벽 2시, 3시, 4시에 잠에서 깨어났다. 일이 좋고 일을 사랑했기 때문에 직장에 출근하는 것이 너무나 자랑스럽고 보람 있었다. 한 때는 빨간 날을 싫어했다. 365일 하루도 쉬지 않고 출근한 게 아마도 4년은 넘을 것이다"라고 말했다.

마이크로소프트사 '빌 게이츠Bill Gates' 회장 역시 "나는 세상에서 가장 신나는 직업을 갖고 있다. 매일 일하러 오는 것이 그렇게 즐거울 수가 없다. 거기엔 항상 새로운 도전과 기회와 배울 것들이 기다리고 있다. 만약 누구든지 자기 직업을 나처럼 즐긴다면 결코 탈진되는 일은 없을 것이다"라고 말했다. 성공하는 사람들의 공통점 중 하나가 바로 이와 같이 일에 대한 화산처럼 솟구치는 열정이다.

사회주의 문학가인 러시아의 '막심 고리끼Maxim Gorky' 도 "일이 즐거우면 인생은 낙원이다. 그러나 일이 의무가 되면 인생은 지옥이다"라며 일을 즐겁게 할 것을 권면했다.

혹자는 말하기를 "그들은 오너이기 때문에 또 이미 훌륭한 CEO이기 때문에 그럴거라고 반박할 수도 있으리라 본다. 그러나 현재의 위치가 설사 말단 사원이라고 하더라도 일하러 나갈 때마다 자신만의 감사가 넘쳐나고 스스로 신바람을 낼 수 있는 사람이라면 그는 언제가 그 조직이 필요로 하는 사람이 되고 CEO가 되고 더 나아가 이 사회를 이끌어갈 리더 역할을 맡게 될 기회가 주어질 것이다"

직장인들이여, 매일 즐거운 마음으로 출근하는 사람이 되자!

마치 소풍가듯이, 날마다 새롭게 펼쳐질 일을 기대하며 설레는 마음으로 잠에서 깨어난다면 인생의 성공과 행복은 따 놓은 당상(堂上)이리라.

직장인들이여, 행복한 삶을 위해 오늘도 외치자!
TGI Friday가 아니라 TGI Monday를 Thank Goodness It's Monday라고.

3

실패한 CEO들의 습관

19세기 말 어느 날 스웨덴의 한 사업가가 아침 식사를 하며 신문을 읽다가 갑자기 눈이 휘둥그레졌다. 버젓이 살아서 아침식사를 하고 있는 자신이 죽었다는 사망 기사가 그 신문에 실렸기 때문이다.

그는 부음(訃音) 기사를 자세히 읽곤 치를 떨었다. 그 신문은 망자(亡者)를 '죽음의 상인, 무기 판매상 사망' 즉 자신을 '죽음의 상인'으로 표현한 것이었다. 사업가는 이 충격으로 이미 써 놓았던 유언장을 뜯어 고쳐 '전 재산을 털어 노벨재단을 만들라'고 당부했다. 그 사업가가 바로 알프레드 노벨Alfred Bernhard Novel이다.

사실 그 신문은 노벨의 동생이 죽은 것을 노벨이 죽은 것으로 잘못 보도한 것이었다. 노벨은 자신에 대한 나쁜 시선을 반면교사(反面教師)로 삼아 실패할 인생을 성공한 인생으로 역전시킨 것이다.

미국 다트머스 경영대학원 교수인 '시드니 핑켈스타인Sydney Finkelstein'은 전 세계 197명의 CEO들을 인터뷰해 실패한 경영자들의 공통점을 도출해 『실패에서 배우는 성공의 법칙』이란 책을 냈다.

실패한 경영자들의 첫 번째 공통점은 자신과 기업이 환경을 지배한다고 생각한다. 경영능력이 뛰어나고 기업은 경쟁력이 있기 때문에 어떤 환경에서도 살아남을 수 있다고 믿는 것이다. 외부 환경이 변하고 있는데 자신과 기업을 성공으로 이끈 전략만을 고집한다면 지속가능한 경영이 이루어질 수 없다.

두 번째는 개인과 기업의 이익 사이에 명확한 경계가 없다는 것이다. 이런 CEO는 기업을 '개인 제국'으로 만들어 버리는 실수를 범하기 쉽다. 경영권을 '자식 사랑의 증표'로 주고받는 일부 국내기업들이 바로 이 같은 실패를 범하는 경우에 속한다. 자식과 동생이라는 이유만으로 능력이 없는데도 경영권을 맡기는 건 해당기업은 물론 국가경제에 악영향을 미칠 수밖에 없다.

세 번째는 자신이 모든 해답을 쥐고 있다고 생각한다는 것이다. 이런 CEO가 경영하는 회사는 창의성이나 역동성이 생겨날 수 없다. 회의를 하면 모두 '예스 맨'이 되기 때문에 조직에 문제가 생겼을 때 이를 바로 잡을 기회를 갖지 못한다. 하루하루는 순조롭게 돌아가는 것처럼 보이지만 시간이 지나면 모든 게 꼬여버린다. 그리고 그 사실을 아는 순간 회사는 돌이킬 수 없는 데까지 가 있다.

실패한 CEO의 네 번째 습관은 자신을 100% 지지하지 않으면 무자비하게 제거해 버리는 것이다. GM의 '로저 스미스Roger B. Smith' 전 회장은 자신과 견해가 다른 임원들을 제거하는 데는 성공했지만 기업에 문제가 생겼을 때 이를 바로잡을 의견을 얻지 못해 실패했다. 스미스 전 회장 재임기간 동안 GM의 미국 시장점유율은 44%대에서 35%대로 하락했다.

다섯 번째 습관은 자신이나 기업의 대외 이미지에만 신경을 쓰는 것이다. 언론에 지나치게 자주 등장하는 경영자나 기업일수록 내부적으로 문제가 많다는 것과 일맥상통하는 얘기다.

이런 경우 기업 사정을 잘 모르는 투자자들에게는 긍정적인 영향을 미칠 수 있어도 기업 내부 경영은 비효율적이 될 가능성이 높다.

우리 모두에게도 이 같이 실패한 CEO들의 습관이 없는지 돌아보고 반면교사(反面敎師)와 타산지석(他山之石)으로 삼아야 할 것이다.

노블레스 오블리주(Noblesse Oblige)

'노블레스 오블리주Noblesse Oblige'는 높은 사회적 신분에 상응하는 높은 수준의 도덕적 의무를 뜻하는 말이다.

이는 초기 로마시대에 왕과 귀족들이 보여 준 투철한 도덕의식과 솔선 수범하는 공공(公共)정신에서 비롯되었다고 한다.

초기 로마 사회에서는 사회 고위층의 공공봉사와 기부·헌납의 전통이 강하였고 이러한 행위는 의무인 동시에 명예로 인식되면서 자발적이고 경쟁적으로 이루어졌다. 특히 귀족 같은 고위층이 전쟁에 참여하는 전통은 더욱 확고했는데 한니발Hannibal이 카르타고Carthago와 벌인 16년간의 제2차 포에니전쟁 중 최고 지도자인 콘술consul(집정관)의 전사자 수만 해도 13명이나 됐다고 한다.

로마 건국 이후 2500년 동안 원로원에서 귀족이 차지하는 비중이 15분의 1로 급격히 줄어든 것도 계속되는 전투 속에서 귀족들이 많이 희생되었기 때문인 것으로 알려져 있다. 이러한 귀족층의 솔선수범과 희생에 힘입어 로마는 고대 세계의 맹주로 자리할 수 있었으나 제정(帝政) 이후 권력이 개인에게 집중되고 도덕적으로 해이해지면서 발전의 역동성이 급속히 쇠퇴한 것으로 역사학자들은 평가하고 있다.

근대와 현대에 이르러서도 이러한 도덕의식은 계층 간 대립을 해결할 수 있는 최고의 수단으로 여겨져 왔다. 특히 전쟁과 같은 총체적 국난을 맞이하여 국민을 통합하고 역량을 극대화하기 위해서는 무엇보다 기득권층의 솔선하는 자세가 필요하다.

실제로 제1차 세계대전과 제2차 세계대전에서는 영국의 고위층 자제가 다니던 '이튼 칼리지Eton College' 출신 중 2,000여 명이 전사했고 포클랜드 전쟁 때는 영국 엘리자베스 여왕의 둘째아들 앤드루Andrew 왕자가 전투헬기 조종사로 참전했다.

6·25전쟁 때에도 미군 장성의 아들이 142명이나 참전해 35명이 목숨을 잃거나 부상을 입었다. 당시 미8군 사령관 밴 플리트James Award Van Fleet의 아들은 야간폭격 임무수행 중 전사했으며 대통령 아이젠하워Dwight Eisenhower의 아들도 육군 소령으로 참전했다. 중국의 지도자 마오쩌둥(毛澤東)Mao Zedong이 6·25전쟁에 참전한 아들의 전사 소식을 듣고 시신 수습을 포기

하도록 지시했다는 일화도 유명하다.

그러나 우리나라는 베트남 전쟁에 참전했던 한국군 가운데 5,099명이 사망했으나 그 가운데 장·차관이나 권력층 자녀는 단 한 명도 없었다.

특히 2014년에 모 방송사 시사프로그램이 보도한 바에 의하면 국내 7대 재벌가(家)의 2, 3세들이 석연치 않은 이유로 군 면제를 받은 비율이 도마 위에 오르내리고 있다. 삼성계열이 대상자 11명 가운데 8명이 면제를 받아 73%로 가장 높았고, 다음이 SK그룹(57%), 한진그룹(50%), 롯데(38%), 현대(28%), GS(25%)순이다.

또 역대 최악의 국회라고 평가받고 있는 지난 제19대 국회의원 300명 중 여성 의원을 제외한 252명의 병역이행 현황을 확인한 결과 53명이 병역을 면제받아 군 복무를 안 한 것으로 병무청이 밝힌바 있다.

이와 같이 이른바 사회 지도층과 자제들의 병역 면제 비리가 계속 논란인 가운데 SK그룹 최태원 회장과 노소영 아트센터 나비관장의 차녀 최민정 씨가 '노블레스 오블리주'를 몸소 실천하고 있어 남다른 눈길을 끌고 있다.

웬만한 집안 배경만 있어도 군대를 가지 않으려는 세태에도 불구하고 최민정 씨는 남자 훈련생도 탈락할 만큼 혹독하다는 특전단 훈련도 견뎌내고 당당히 해군 소위로 임관된 후 지난해 2015년 초 충무공 이순신 함에 탑승해 해적과 무장 세력들이 들끓는 아라비아 해^{Arabian Sea}의 아덴만^{Aden bay} 해상에 파병됐다가 연말에 중위로 진급한 후 지금은 지난 1월 말부터 서해 최전방 북방한계선^{NLL}을 방어하는 해군 2함대 사령부 예하 전투전대(戰鬪戰隊) 본부에서 복무하고 있다.

'땅콩회항' 사건 등 이른바 '금수저' 로 이야기 되고 있는 재벌가 자녀들이 잇따른 구설수로 사회적인 눈총과 비난을 받고 있는 시점에 최민정 해군 중위의 군복과 계급장이 유난히 돋보이고 그의 처신이 자랑스러운 것은 결코 한두 사람만의 느낌은 아닐 것 같다.

로마 천년을 지탱해준 '노블리스 오블리주' 는 "가진 자가 못 가진 자에게 베풀어야 한다는 도덕적 의무만을 뜻하는 것이 아니라 그것을 행하는 사람 자신을 위한 것이며 그들의 삶의 질을 높이고 삶의 의미를 찾기 위한 것이었다"고 『로마인 이야기』를 쓴 '시오노 나나미(鹽野七生)' 는 주장한다.

버큰헤드 호를 기억하라!

영국 국민이 긍지를 가지고 지켜 내려오는 전통 중 항해를 하다 재난을 만나면 선원들이나 승객들은 "버큰헤드 호를 기억하라Remember Birkenhead!"는 말을 나누는 것이다.

일찍이 인류가 만든 많은 전통 가운데 이처럼 지키기 어려운, 또 이처럼 고귀한 전통도 아마 다시는 없을 것이다. 이는 실로 인간으로는 최대한의 자제와 용기를 필요로 하는 것이기 때문이다.

영국의 대표적인 항구도시 리버풀Liverpool의 버큰헤드 항에는 전 세계 해양인들의 정신이 깃든 한 기념비가 서 있다. 이 기념비의 중앙에는 한 여성이 어린 아이의 손을 잡고 서있는 모습이 새겨져 있다. 해난사고가 발생했을 때 배 안에 타고 있는 여성과 어린이를 먼저 구조한다는 선원 수칙이 유래된 버큰헤드 호 침몰사건의 사연을 담고 있는 기념비다.

이야기는 시대를 한참 거슬러 올라가, 대영제국(大英帝國)British Empire의 위세가 하늘을 찌르던 1852년으로 영국 해군의 수송선이었던 버큰헤드 호가 아프리카 남단을 항해 중이었다. 케이프타운에서 65km 떨어진 바다를 지나던 버큰헤드 호는 그해 2월 26일 새벽 2시 암초와 충돌해 서서히 침몰하기 시작했다. 승객은 영국 73보병연대 소속 군인 472명과 가족 162명을 포함 모두 634명이었으나 구명보트는 3대뿐으로 180명만 탈 수 있었다. 탑승자들이 서로 먼저 보트를 타겠다고 몰려들자 누군가 북을 울렸고 버큰헤드 호 승조원인 해군과 승객인 육군 병사들이 갑판에 모였다.

함장 세튼Sydney Seton 대령이 외쳤다. "그동안 우리를 위해 희생해 온 가족들을 우리가 지킬 때다. 어린이와 여자부터 탈출시켜라"는 명령에 아이와 여성들이 군인들의 도움을 받아 구명보트로 옮겨 탔다.

마지막 세 번째 보트에서 누군가 소리쳤다. "아직 자리가 남아 있으니 군인들도 타세요"라고 했으나 한 장교가 나서서 "우리가 저 보트로 몰려가면 큰 혼란이 일어나고 배가 뒤집힐 수도 있다"고 말한 후 결국 함장을 비롯한 군인 470여 명은 아이와 여성들이 탄 구명보트를 향해 거수경례를 한채 배와 함께 모두 가라앉았다.

이때부터 영국 사람들은 큰 재난을 당하면 누가 먼저랄 것 없이 '버큰헤드를 기억합시다Remember Birkenhead!' 고 말하기 시작했다. 위기 때 약자(弱者)를 먼저 배려하는 '버큰헤드 정신'이 영국 국민의 전통으로 자리 잡았다.

버큰헤드 호 침몰 60년 후, 1912년 4월 14일 밤 11시 40분경, 세계 해난사고 역사상 가장 잘 알려져 있는 '타이타닉Titanic 호' 침몰 사고가 북 대서양에서 일어났다. 그때도 타이타닉 호의 선장과 선원들은 '버큰헤드를 기억하자'라는 말을 주고받으면서 침착하게 여성과 어린이를 먼저 구명보트에 태웠다.

물론 일부 남성 승객들이 완력을 사용해 구명보트로 접근하려 했지만 승무원들은 무기를 소지한 채 질서를 유지하면서 여성과 어린이를 먼저 구명보트로 안내했다. 타이타닉 호 남성 승객의 생존율은 7%에 불과했지만 여성 승객의 생존율은 75%였다. 마지막 순간까지 자신의 임무를 다한 선장과 대부분의 선원들은 칠흑 같은 바다에서 타이타닉 호와 최후를 함께 했다.

또 1952년 알제리 인근바다에서 보일러 폭발사고로 발생한 군 수송선 '엠파이어 윈드러시Empire Windrush 호' 침몰 사고에서도 버큰헤드 정신은 어김없이 지켜졌다. 군인과 가족 1,515명이 타고 있었다. 구명정은 턱없이 모자랐다.

지휘관 스콧Robert Scott 대령이 마이크를 잡았다. "지금부터 버큰헤드 훈련을 하겠습니다. 모두 갑판 위에 그대로 서 계시고 구명보트 지정을 받으면 움직이십시오" 가족들이 동요할까 봐 '훈련'이라고 둘러댄 것이다. 곧바로 선장과 선원들이 여성과 아이, 환자들을 구명정에 태웠다. 선원과 군인 300여 명이 남았다. 선장과 스콧 대령은 "이제 모두 바다에 뛰어내리라"고 지시하곤 부하들이 모두 떠난 걸 확인한 뒤 마지막으로 물로 뛰어들었다. 다행히 이들은 다른 화물선에 의해 모두 구조됐다.

2014년 4월 16일 세월호(世越號) 참사 이후 각종 블로그와 SNS를 통해 '버큰헤드 정신을 기억하자'는 글이 확산됐다. 세월호 선장과 일부 선원들이 자기부터 살아야겠다며 배를 빠져나온 데 대한 분노를 담고 있다.

세월호에서 선장을 비롯해 직급이 높고 선내 사정을 잘 아는 간부 선원들은 먼저 도망해 모두 살아남았다. 그러나 마지막까지 살신성인의 책임을 다한 여승무원과 어린 학생 304명이 사망·실종했다.

특히 스물두 살 박지영 씨는 '승객이 먼저고 선원은 나중'이라며 자신의 구명조끼까지 학생들에게 양보하고 마지막까지 현장에 남아 있다가 변을 당했다. 세월호를 둘러싼 아픔이 사고 발생이 2년 지난 지금도 계속되고 있지만 고(故)박지영 씨가 발휘한 '버큰헤드 정신'으로 그나마 우리 사회의 희망을 보게 되어서 참 다행이고 조그만 위로가 됐다.

서번트 리더십의 부활

얼마 전부터 '섬김의 리더십' 즉, 서번트 리더십Servant Leadership에 대한 관심이 급증하면서 주목을 받고 있다.

이는 이명박 전 대통령이 17대 대선날인 지난 2007년 12월 19일 밤 승부가 가려졌을 때 "매우 겸손한 자세로, 매우 낮은 자세로 국민을 섬기겠다"고 선언한 대국민 약속 과 당선자 시절 서재에 꽂혀 있던 『서번트 리더십』이란 책이 TV를 통해 전국에 전파된 여파로 여겨진다.

'서번트 리더십' 은 '다른 사람을 섬기는 사람이 리더가 될 수 있다' 는 리더십 이론으로 미국의 경영연구가 '로버트 그린리프Robert K. Greenleaf' 박사에 의해 1970년대에 구체화됐다.

'그린리프'는 서번트 리더십의 개념을 헤르만 헤세의 '동방 순례'에 등장하는 '레오Leo'라는 인물을 통해 설명한다. '레오'는 순례자들을 위해 식사 준비 등의 여러 가지 허드렛일을 하는 사람이었다. 그는 순례자들 사이를 돌아다니며 필요한 것이 없는지 살피고 때때로 지친 순례자들을 위해 악기를 연주해 주기도 하면서 순례자들이 육체적으로나 정신적으로 지치지 않도록 배려했다.

그러던 어느 날 '레오'가 갑자기 사라지자 순례자들은 당황하기 시작해 싸움도 잦아지며 종국에는 순례를 중단하기에 이르렀는데 뒤늦게 알고 보니 하인과 다름없던 '레오'가 한 종단(宗團)의 정신적 지도자 신분이었음을 알게 되어 모두 놀라게 되었다. 여기서 바로 〈서번트 리더십〉의 개념을 도출한 것으로 알려지고 있다.

흔히 '리더'라고 하면 〈보스형〉이나 〈권위형〉 리더로 구성원 중 '가장 높은 위치에 있는 자'로 생각한다. 보스형 리더는 자신의 지위와 명분을 내세워 구성원들에게 일방적으로 자신을 따라오도록 지시와 명령을 내리고 강하게 통제하는 것이다.

그러나 보스형 리더십은 시간이 흐를수록 또 조직의 뒷받침이 약할수록 힘을 발휘하기 어렵다. 때로는 구성원들의 반감을 사게 되어, 갈등과 분열을 낳기까지 한다.

일반적으로 전통적인 보수형 리더십의 리더는 구성원을 불러서 업무를 일일이 지시한다. 그 후에는 지시대로 업무가 처리되었는지 확인하고, 그렇지 못하면 구성원을 질책하며 또 다시 지시와 확인을 반복하는 것이다. 대체로 이런 상황에서는 구성원이 책임감을 가지고 자신의 능력을 마음껏 발휘하기가 어려우며 지나치게 되면 리더의 지시 없이 아무 일도 하지 않는 수동적이고 무기력한 조직원이 되기도 한다.

그러나 〈서번트 리더십〉의 리더는 뒤에서 필요한 것을 지원하고 조용히 도와주며 외부의 압력과 위험을 차단해주는 역할을 하는 것이다. 또한 구성원을 질책하기보다 늘 격려와 칭찬을 아끼지 않는다.

이 결과 구성원은 더욱 열정을 가지고 업무에 임하게 되고 자신을 믿어준 리더를 실망시키지 않기 위해 스스로 자신의 능력과 잠재력을 계발하여 꾸준한 성장을 이루게 되는 것이다. 왜냐하면 서번트 리더십에서는 리더가 오히려 가장 낮은 자리에서 구성원들을 섬겨주기 때문이다.

구성원이 목표를 향해 나갈 수 있도록 리더는 그야말로 서번트servant(하인, 봉사자)가 되어 도와주는 역할을 하는 것이다. 서번트 리더십이 주목받는 이유가 여기에 있다.

리더가 진심어린 섬김으로 구성원들의 마음에 감동을 주어 구성원들 스스로가 적극적으로 따라오며 자발적으로 헌신하게 만드는 것이 서번트 리더십이다. 그렇기에 서번트 리더십에는 흔히 '카리스마Charisma' 라고 하는 강한 통솔력은 없지만 그 '영향력' 은 어느 리더십보다 훨씬 더 강력하다.

이 〈섬기는 리더십〉은 이미 이보다 훨씬 더 오래전인 2천여 년 전부터 이 땅에 시작됐다.

예수님이 그 〈섬기는 리더십〉의 본체이시다. 예수님은 마가복음 10장 44~45절에서 "너희 중에 누구든지 으뜸이 되고자 하는 자는 모든 사람의 종이 되어야 하리니 인자의 온 것은 섬김을 받으려 함이 아니라 도리어 섬기려 하고 자기 목숨을 많은 사람의 대속물로 주려 함이니라"하고 말씀하셨다.

또 '바울사도' 도 빌립보서 2장 5~6절에서 "그는 근본 하나님과 본체시나 하나님과 동등 됨을 취할 것으로 여기지 아니하시고 오히려 자기를 비어 종의 형체를 가져 사람들과 같이 되었고"라고 말씀하신 것으로 기록하고 있다.

예수님은 당신이 곧 하나님이신데도 이 세상 죄인들을 위해 말구유에 태어나시고 십자가에 못박혀 죽기까지 하셨다는 것이 서번트 리더십의 '알파와 오메가' 라고 하겠다.

가룟 유다는 왜 예수님을 배반했을까

고난주간에 예수님의 고난을 생각하다가 가룟 유다의 배신과 배반이 있었기에 예수님의 구원사역도 이뤄졌다는 가룟 유다 '구원사역설'에 대해 생각해본다.

예수의 고난을 기념해야 할 고난주간에 갑자기 가룟 유다 이야기를 꺼내는 것은 한창 지적 호기심이 많은 청소년들이나 믿음이 연약한 크리스천들이, 때로는 신학계 일부에서조차 가룟 유다가 재평가 받아야 하지 않느냐는 주장도 하기 때문이다.

그들의 주장은 "가룟 유다는 억울하다. 가룟 유다는 선지자들이 예언한 대로 했고 예수님이 시키는 대로 했을 뿐이다. 그는 오히려 희생양"이라는 것이다.

더 들어가면 "가룟 유다가 아니었다면 예수님께서 십자가에서 사형당하지도 않았을 것이며 그렇게 했으면 기독교의 상징인 십자가의 보혈과 그 능력도 있을 수 없었을 것이다"라는 주장이다.

결국 "가룟 유다는 구약 예언의 실행자로서 구약의 어느 선지자보다도 훌륭한 일을 했다고 볼 수 있으며 그는 구약 예언의 희생물이다"라는 주장이다.

과연 가룟 유다가 예수님의 십자가 보혈을 위한 희생물일까? 얼핏 보기엔 아귀가 들어맞는 그럴듯한 논리이다.

성경의 특정 부분만 보면 마치 가룟 유다가 예수의 구원 사역을 위한 도구와 보조재로 쓰인 것 같아 보이기도 한다. 그러나 성경을 전체적으로 보면 '가룟 유다가 희생양'이라는 등의 일부 주장은 절대 사실이 아니며 예수님의 뜻도 아니라고 판단된다.

특히 "네가 하는 일을 속히 하라(요 13:27)"는 예수님의 말씀이 문제가 되는 듯하지만 성경 전체 문맥을 보면 예수님이 가룟 유다에게 배반을 강요하거나 부탁한 것으로 단정 지을 수는 없다.

논란이 되는 "내가 하는 일을 속히 하라(요한 13:27)"는 이 구절은 '예수님이 그의 제자 중 하나였던 가룟 유다가 자신을 팔려고 계획하는 일을 은연

중에 알고 어쩌면 실망감에 빠져 가룟 유다의 행위를 지적한 것' 이라고 볼 수 있다.

그 당시 이 말을 같이 들었던 현장의 제자들도 "이 말씀을 무슨 뜻으로 하셨는지 그 앉은 자 중에 아는 자가 없고 어떤 이들은 유다가 돈궤를 맡았으므로 명절에 우리가 쓸 물건을 사라 하시는지 혹은 가난한 자들에게 무엇을 주라 하시는 줄로 생각하더라(요한 13:28~29)"고 성경은 기록하고 있다.

이는 '성경의 예언을 성취하기 위해 예수님 당신이 십자가에 매달리도록 가룟 유다에게 무슨 은밀한 부탁을 했거나 강요한 것은 아니라는 것' 을 설명하고 있는 것이다.

예수님은 잡혀가시기 전 그가 사랑하는 12제자들과 가진 최후의 만찬에서 "…나와 함께 그릇에 손을 넣은 그가 나를 팔리라. 인자는 자기에 대하여 기록된 대로 가거니와 인자를 파는 그 사람에게는 화가 있으리로다. 그 사람은 차라리 태어나지 아니하였더라면 제게 좋을 뻔하다(마 26:23~24, 막 14:21, 눅 22:22)"라고 까지 했다.

이와 같이 예수님은 가룟 유다가 자신을 팔 것이라는 것에 대해 어떤 경로인지는 모르지만 사전에 정보를 얻은 것으로는 보인다.

예수님은 유대인의 왕이라고 일컬음 받고 군중을 소요한 죄목으로 조사를 받고 처형될 정도로 당시 그를 따르는 군중이 대단했기 때문에 예수님을 추종하는 수많은 무리 중 누군가 예수님에게 가룟 유다가 당신을 밀고할 것이라는 고급정보를 건네주었을 수도 있고 아니면 예수님은 육신을 입으셨지만 신성(神性)을 가지신 분이셨기에 스스로 그 정보를 인지하셨을지도 모른다.

어떤 방법으로든 그 정보를 안 예수님은 인간적으로 마음이 매우 섭섭했을 것이고 번민과 고뇌로 불면의 밤을 보냈을지도 모른다.

그러나 천하 만민의 구원사역을 위해 이 땅에 오신 예수님은 십자가에 달리시고 사흘 만에 부활하사 세상을 이기셨듯이 예수님은 자기 제자의 배반 음모에도 결코 슬퍼하거나 화를 내지 않고 흐트러짐 없이 의연하게 대처하는 리더의 모습을 보여줬다고 해석하는 게 맞지 않을까?

다시 말하면, 예수님은 자신이 죽임을 당할 것으로는 미리 알고 있었으나 그 방법이 자신이 사랑하는 제자의 배반을 통해서 이뤄질 줄은 처음에는 몰랐을 것이 아닌가 생각된다.

성경에는 선지자의 예언 등을 통해 유대 땅에 메시아가 오셔서 고통당하시고 죽으시나 사흘 만에 다시 살아난다는 기록은 있으나 그 메시아가 그의 제자에 의해 배반당하고 팔린다는 예언이 어디에도 없지 않은가? 즉, 예수가 배반을 당하는 것은 예정된 것이지만 그 범인이 가룟 유다로 예정

된 것은 아닌 것이다. 성경은 가룟 유다가 예수를 배반한 것은 예수님의 허락이나 사주에 의한 것이 아니라 돈 때문에 자기 이익을 위해 음모를 하고 실행한 것으로만 여러 곳에서 기록하고 있다.

"그 때에 열둘 중의 하나인 가룟 유다라 하는 자가 대제사장들에게 가서 말하되 내가 예수를 너희에게 넘겨주리니 얼마나 주려느냐 하니 그들이 은 삼십을 달아 주거늘 그가 그때부터 예수를 넘겨 줄 기회를 찾더라(마 26:14~16)"

"열둘 중의 하나인 가룟 유다가 예수를 넘겨주라고 대제사장들에게 가매 그들이 듣고 기뻐하며 돈을 주기로 약속하니 유다가 예수를 어떻게 넘겨줄까 하고 그 기회를 찾더라(막14:10~11)"

"열둘 중의 하나인 가룟인이라 부르는 유다에게 사탄이 들어가니 이에 유다가 대제사장들과 성전 경비대장들에게 가서 예수를 넘겨 줄 방도를 의논하매 그들이 기뻐하며 돈을 주기로 언약하는지라. 유다가 허락하고 예수를 무리가 없을 때에 넘겨 줄 기회를 찾더라(눅 22:3~6)"

즉, 가룟 유다는 공의가 아니라 '은 삼십'을 받고 그 대가로 주군이자 하나님의 아들을 팔아 넘겼기 때문에 그는 분명히 배신자와 배반자일 뿐이지 결코 희생양이나 공로자일 수는 없는 것이다.

가룟 유다는 뒤늦게나마 자신이 악역무도한 잘못을 저지른 죄인인 줄 알고 회개했으나 비참한 최후를 맞이했다.

"그때에 예수를 판 유다가 그의 정죄됨을 보고 스스로 뉘우쳐 그 은 삼십을 대제사장들과 장로들에게 도로 갖다 주며 이르되 내가 무죄한 피를 팔고 죄를 범하였도다 하니 그들이 이르되 그것이 우리에게 무슨 상관이냐 네가 당하라 하거늘 유다가 은을 성소에 던져 놓고 물러가서 스스로 목매어 죽은지라(마 27:3~6)"

또 "몸이 곤두박질하여 배가 터져 창자가 다 흘러나온지라(행1:18)"라며 가룟 유다의 비참한 최후를 성경은 기록하고 있다.

성경에 따라 정리하면, 가룟 유다는 예수님과 사전에 교감하거나 허락을 받는 의사소통은 전혀 없이 자기 생각대로 행했을 뿐이다.

그러나 그렇게 역사상 가장 흉악한 반역을 저질러 가룟 유다가 얻게 되는 돈이 겨우 '은 삼십'인데? 이런 점에서 가룟 유다가 예수를 배반한 동기를 전적으로 금전이라고 생각하기에는 조금 무리인 것으로도 여겨진다.

어떤 이유일까? 그것은 금전적 이유가 아니라 가룟 유다가 예수님에게 걸었던 기대가 어긋나면서 실망으로 돌아섰기 때문이 아니었을까 싶다.

그 단서와 역사적 흔적을 찾기 위해 2천 년 전 예수님이 살던 그 시대로 잠시 돌아가 보면 가룟 유다는 예수님이 떡 5개와 물고기 2마리로 5천 명을 먹이고, 물을 포도주로 만들고, 나병환자와 중풍병자 등 각종 병든 자를 깨끗이 낫게 하고, 바람과 바다를 잔잔하게 하신 기적을 두루 목도한 시대적 증인이었다.

가룟유다는 '예수님이 신의 아들이자 그가 곧 신'이라는 명제(命題)를 확실히 믿었으리라 본다. 가룟 유다는 그런 전지전능하신 예수님을 모세가 이스라엘 백성을 출애굽 시켰듯이 본디오 빌라도가 유대 총독이던 당시에도 로마의 지배에서 자기 백성들을 구해내고 독립할 수 있는 정치적 메시아로 믿었을 것 같다.

가룟 유다는 그런 대단한 예수님을 자기가 만났다는 것에 대해 너무나 큰 행운으로 생각하고 세상 끝 날까지 예수님을 따라가려고 작정했을 것 같다. 그렇기 때문에 그에게 예수를 반역할 생각은 애초에 추호(秋毫)도 없었던 것이다.

사실, 가룟 유다는 누구보다도 예수님을 향해 충성심으로 불탔던 사람으로 소위 열심당원이었으리라. 열심당은 당시 로마의 폭정을 전복시키고 예루살렘에 하나님의 나라가 건설되기를 열렬히 고대했던 혁명적인 사람들로 조직되었고 그들은 과도하리만치 정치적 열심을 지니고 있던 열혈분자들이었다.

예수님이 이런 가룟 유다를 제자로 선택할 때 무슨 잘못이 있었을까? 예수님은 가룟 유다로부터 열심당원의 열정을 발견하고 그를 많이 신뢰해서 그에게 돈주머니를 맡기신 것이리라. 어느 조직이든 회계(會計)와 재정(財政)은 가장 신임 받는 사람에게 위임하는 법이다.

예수님은 가룟 유다를 교화시킬 목적으로 부적격자인 그를 뽑으신 것도 결코 아니리라. 예수님은 분명히 그에게 무언가 훌륭한 점을 보신 것일 거다.

그런데 왜 어떻게 가룟 유다는 배반의 칼을 들게 된 것일까? 가룟 유다는 원래 예수님을 배반할 뜻은 전혀 없었다. 당시 예수님이 가는 곳마다 모여드는 군중들의 세 결집으로 볼 때 조만간 로마군을 물러가게 하고 예수님이 왕이 되는 나라가 만들어지게 되면 자기의 시대도 도래한다고 내심 들떠 있었을 것 같다.

그런 가룟 유다가 예수님이 가장 고독했던 밤, 그는 왜 자신의 스승에게 '칼날보다 더 찬 배반의 입맞춤'을 하게 됐을까? 도대체 둘 사이에는 무슨 일이 일어난 걸까?

실상, 가룟 유다는 먼저 배반을 당했기 때문이다. 무엇이 그를 배반했을까? 그것은 누구였을까? 그것은 그의 기대가 배반당한 것이었다.

열심당원인 가룟 유다는 자기가 모시는 예수님이 로마 제국을 무너뜨릴 것을 확신하고 있었다. 이후 자신도 예수님이 왕이 돼 통치하는 새 나라의 고관대작(高官大爵)에 앉을 것으로 기대하면서 킹메이커^{king maker}의 꿈을 꿨을 것이다.

그는 창조주 하나님의 아들인 예수님이 때가 되면 신통력을 부려 천군천사가 내려오든지 하늘로부터 불을 내려줄 것을 기대하고 있었을 것 같다.그래서 천군천사의 손에 로마군들이 한칼에 모두 베임을 당하고 예루살렘을 핏물로 어지럽혔던 로마의 십자가 형틀은 모조리 불살라지게 될 날이 곧 올 것이라는 믿음에 의심이 없었으리라.

특히 예수님이 나귀를 타고 마지막으로 예루살렘성에 입성했을 때 예수님을 기다리던 군중들이 그들의 겉옷을 벗어 길에 펴고 예수님이 타신 새끼 나귀가 지나가도록 하고 또 그 나귀를 앞서거니 뒤서거니 하면서 "호산나 다윗의 자손이여 찬송하리로다"하면서 예수님을 절대적으로 환영, 지지하는 군중들의 세력을 볼 때 가룟 유다는 더욱 자신의 믿음을 확신하면서 예수님이 날을 택해 그 거사일만 지시해 줄 것을 학수고대(鶴首苦待)하고 있었던 것이다.

그런 가룟 유다에게 예수님은 그 거사를 실행하기는커녕 당신이 그 십자가들 중 하나에 매달리게 될 것이라는 말을 스스로 하시고 최후 만찬까지 하시자 너무 충격을 받아 정치적 패배감과 위기감을 느꼈을 것이다.

가룟 유다에게는 '예수님이 곧 십자가에 못 박힐 것이라(이틀이 지나면 유월절이라 인자가 십자가에 못 박히기 위하여 팔리리라(마 26:2)'고 제자들에게 한 이야기는 예수님을 통해 자신의 꿈을 실현하려던 혁명가 가룟 유다에게는 청천벽력(靑天霹靂)과도 같았을 것이다.

일이 이쯤 되자 마침내 실망과 분노에 찬 가룟 유다는 거사가 틀렸다고 판단하고 대제사장을 찾아가 자초지종 예수님을 넘겨줄 방법을 모의했을 것으로 생각된다. 이런 가정과 추론이 가능하다면 가룟 유다는 돈이 아니라 자기가 꿈꿨던 정치적 기대와 야망에 대한 실망감과 낭패감으로 예수님에 대한 인식과 충성심이 근본적으로 흔들렸을 수 있을 것이다.

그러나 가룟 유다만을 정죄할 순 없다.

배반의 역사는 가룟 유다에서 끝이 났는가? 그렇지가 않아 문제다.

요즘 교회와 관련된 각종 불미스러운 사건들로 인해 '개독교' '먹사'라는 말까지 나오는 지경이 되어 한국교회의 위상이 나락으로 추락하면서 교회가 세상을 걱정하는 것이 아니라 세상이 교회를 걱정하는 형국이 됐으니 참으로 개탄스럽다.

특히 물의를 빚고 있는 거의 모든 사건들이 작은 교회보다는 중·대형 교회에서 일어나고 있고 기도와 말씀 준비 등 목사 본연의 일보다는 각종 명예와 감투를 쫓아다니며 세상일로 바쁜 정치목사들이 관련되어 있으니 이것이야 말로 '은삼십'에 예수를 팔아먹은 가룟 유다와 다를 게 뭐가 있겠는가?

정치목사, 장로들을 비롯해 지탄받는 크리스천들의 문제점은 예수님이 버린 '물질과 권세, 명예'를 다 주어 섬기고 있기 때문이리라. 그들이 입으로는 예수를 말하나 과연 그들 안에 예수가 있을까?

영국 크리스천 문학가인 C. S. 루이스C. S. Lewis는 "우리는 예수 그리스도를 바라보는 동안만 그리스도인이다. 예수 그리스도를 바라보는 동안 주님이 나를 지배하기 때문이다"라고 말했다.

100점짜리 인생을 만드는 법

10여 년 전 어느 특강에서 진대제 전 정보통신부 장관이 외국인에게 들었다며 '100점짜리 행복한 인생을 만드는 법'을 소개하는 것을 경청했다.

진장관은 일단 영어의 알파벳 순서대로 숫자를 1부터 붙여주라고 했다. a=1, b=2, c=3, d=4… z=26으로 숫자를 정하고 그런 다음 각자 생각하고 좋아하는 영어 단어의 알파벳을 숫자로 환산해서 점수를 내도록 했다.

진 장관이 청중들에게 물었다.
"열심히 일하면 행복한 인생이 될까요?"
hardwork, 98(8+1+18+4+23+15+18+11)점이었다.

일만 열심히 한다고 100점짜리 인생이 되는 건 아니었다.

"그렇다면 지식이 많으면 100점짜리 인생이 될까요?"
knowledge는 96(11+14+15+23+12+5+4+7+5)점이다.

"운으로 될까요?" luck는 47(12+21+3+11)점이었다.

"돈이 많으면?" money는 72(13+15+14+5+25)점이었다.

그러면
"리더십이 있으면?" leadership은 89(12+5+1+4+5+18+19+9+16)점이고
"사랑을 해도" love는 54(12+15+22+5)점짜리 인생밖에 안 된다고 했다.

진 장관이 다시 물었다.
그럼 100점짜리 인생은 어떻게 하면 될까요?

정답은 "(정신적인)태도와 사고방식"을 의미하는
'attitude[ǽtrtu:d]' 로 100(1+20+20+9+20+21+4+5)점 입니다"라고 말했다.

결국 인생은 "마음먹기attitude에 달렸다"는 가르침이었다.

그 후 진대제 장관은 2005년 4월 15일 노무현 대통령을 수행해 터키 앙카라를 방문한 청와대 출입기자들과 만난 자리에서 '100점짜리 인생의 조건 2탄' 을 추가로 공개했다.

그것은 바로 ‘스트레스stress’와 ‘휴식 취하기take a rest’였다.

진 장관은 “100점 인생의 조건을 공개한 뒤 많은 네티즌들이 호응해 줬고 자신들이 알파벳을 조합해 100점짜리를 만들어 보내왔다”며 “그 가운데 ‘스트레스’와 ‘휴식 취하기’가 있었다”고 전했다.

stress=19+20+18+5+19+19=100

take a rest=20+1+11+5+1+18+5+19+20=100

‘100점 인생엔 그만큼 스트레스도 따르기 마련이며 또 이를 해소하기 위해 휴식을 취해야 한다’는 그럴듯한 해석이 가능하지만 우연한 조합치고는 참으로 심오한 인생철학을 담고 있다고 하겠다.

여담(餘談)으로 골프와 관련된 응용문제를 필자가 하나 내본다.

100점짜리 골퍼가 되기 위한 비결은 무엇일까요?

멋진 드라이버 샷으로 공을 가장 멀리 보내면 될까요?

아니면 아이언 샷을 정교하게 잘 하면 100점짜리 골퍼가 될까요?

똑같은 방식으로 대입을 해 계산하면

드라이버DRIVER은 71점

우드WOOD는 76점

아이언IRON은 56점

또 웨지WEDGE는 44점이고

어프러치APPROACH는 78점입니다.

단지, 퍼터putter가 100(16+21+20+20+5+18)점이다.

이를 반증하듯 골프를 갓 배운 사람에게 가장 어려운 것이 무엇이고 가장 쉬운 것이 무엇이냐고 물으면 대부분 드라이버가 가장 어렵고 퍼팅이 가장 쉽다고 말하나 골프를 오래한 사람에게 물으면 퍼팅이 가장 어려운 것이라고 답한다.

그래서 골프에서 '퍼팅Putting'은 돈money이라고도 한다.

가을에 핀 꽃은
봄에 핀 꽃을 시기하지 않는다

꽃들 중에 '신(神)이 제일 나중에 만든 것이 국화(菊花)'라는 말이 있다.

그래서인지 꽃잎이 다른 꽃에 비해 비교적 많은 국화가 꽃 중에 가장 분화(分化)되고 진화(進化)된 모습을 띠고 있다.

국화는 어느 상황에서든 품격을 잃지 않으려는 모습을 하고 있다. 때로는 도도한 여인처럼 차가운 모습이지만 특히 그 꽃내음은 온 몸을 감싸고 마음속까지 젖어들게 만든다.

필자가 국화에 마음이 남다른 것은 고등학교 시절 서클활동으로 청소년 적십자Red Cross Youth, RCY 단장을 하면서 매년 가을이면 노랗고 하얀 국화 화분 수백여 개를 전 학년 교실 복도마다 몇 개씩 갖다 놓는 것은 물론 현관이나 학교 주요 지역 여기저기에 국화 화분을 배치해 학교 환경미화를 위한 봉사활동을 한 힘겨운 추억 때문이다.

왜냐하면 학교 환경미화에 필요한 국화 화분을 꽃집이나 농장에서 사오는 것이 아니라 그 많은 화분을 100여 명의 RCY단원들이 5~6월부터 직접 손수 키워서 가을에 교실마다 분양하는 것이라 매년 여름방학 때면 국화 화분에 물을 주기 위해 무더운 날씨에도 단원들이 돌아가며 당번을 정해 학교에 나왔던 아스라한 추억이 있기 때문이다.

그래서 매년 가을이면 어디를 가나 묵묵히 피어있는 탐스러운 국화에 눈길이 주어지고 그 향기에 마음도 뺏기기도 한다.

국화를 이야기 하자면 여행작가 겸 국제구호 활동가인 한비야 씨가 지은 『중국견문록』의 명 구절들이 떠오른다.

"가을에 피는 국화는 첫 봄의 상징으로 사랑받는 개나리를 시샘하지 않는다. 역시 봄에 피는 복숭아꽃이나 벚꽃을 부러워하지 않는다. 한여름 붉은 장마가 꽃을 필적에 나는 왜 이렇게 다른 꽃보다 늦게 피나 한탄하지도 않는다. 그저 묵묵히 준비하며 내공을 쌓고 자신의 차례가 올 때까지 준비하고 있을 뿐이다. 그러다가 매미소리 그치고 하늘이 높아지는 가을, 드디어 자기 차례가 돌아온 지금 국화는 오랫동안 그 은은한 향기와 자태를 마음껏 뽐내는 것이다"

가을에 피는 꽃이 봄부터 개나리 진달래를 시샘하여 나는 왜 이리 꽃이 피지 않느냐면서 스트레스를 받고 있다면 그 생명체의 행복은 없으리라.

요즘에는 개화기가 빨라져 5월이면 한창 피어나는 장미는 장미대로 아름답고 가을에 핀 국화는 국화대로 아름다운 것이다.

자연도 이렇듯이 따지고 보면 사람마다 자신의 때가 있고 역할이 있는 것이다.

흔히 늦게 시작한 사람들에게 '늦깎이' 라는 말을 하나 엄밀하게 말하면 아무도 늦깎이는 없다.

어느 누구도 가을에 핀 국화를 보고 '늦깎이 꽃' 이라고 부르지 않는 것처럼 사람도 마찬가지다. 우리가 다른 사람들에 비해 뒤처졌다고 생각되면 아직도 자신의 차례가 오지 않았고 다른 사람들과 역할이 다르기 때문이라고 생각할 필요가 있다.

누구나 다른 사람이 갖지 못한 자신만의 고유함을 갖고 있다. 다른 어떤 것과 비교하지 않고 자신의 고유함을 찾아 기르고 나눌 때에 자신의 가치가 나타게 되는 것이다.

유명한 식물학자에 의하면 엄밀한 의미에서 잡초(雜草)라는 것은 없다고 한다. 밀밭에 벼가 나면 잡초이고 보리밭에 밀이 나면 잡초가 되는 것이다.

이름 없는 들풀도 때와 장소에 따라 많은 사람들의 사랑을 받을 수 있지만 산삼도 상황에 따라 잡초가 될 수 있다는 것이다.

배설물이 방에 있으면 오물이고 밭에 있으면 거름이라고 한다. 아무리 좋은 돌이라도 밭에 있으면 당장 걷어내야 할 쓰레기이고 공사장에 있으면 석재라고 한다.

사람도 똑같다. 자기가 꼭 있어야 할 자리에 있으면 산삼보다 귀하고 자기 자리가 아닌데도 다리를 뻗고 자리를 뭉개고 있으면 잡초 취급을 받을 수 있는 것이다.

자기 자리를 가리지 못해 뭇사람들의 지탄이나 받고 뽑혀 버리는 삶이 얼마나 많은지? 잡초로 취급되지 않기 위해선 각자 삶에서 처신을 잘 해야 하리라.

제철에 피는 꽃을 보라. 얼마나 아름다운가!

개나리는 봄에 피고 매화는 겨울에 피지 않는가!

치망설존(齒亡舌存) 리더십

인생살이에서 꼭 힘이 세고 강(强)해야만 상대방을 이길 수 있고 성공을 하는 것일까? 온유하고 상대방을 헤아려 주는 인간적인 사람은 경쟁에서 결국 뒤처지고 사람들 사이에서 묻혀버리고 말까?

만약 그렇다고 생각하면 그건 시대착오적이다. 시대 흐름을 잘못 파악하고 있는 것이다.

진화론 창시자 '찰스 다윈Darwin, Charles'은 이미 오래전에 설파했다. "살아남는 것은 제일 강한 종도 아니고 제일 똑똑한 종도 아니다. 살아남는 것은 변화에 가장 잘 대응하는 종이다"라고.

칼리 피오리나Carleton S. Fiorina HP 회장도 "기업들도 변화에 살아남기 위해서는 혁신을 해야 하는데 혁신이 특별한 것이 아니라 '적응이 혁신'이라 고 강조했다.

직장 같은 조직생활에서는 일을 잘 처리하는 업무 능력도 중요하지만 일하는 능력 못지않게 많은 다른 능력이 요구된다. 그 중 가장 우선시 되는 것이 사람과 사람과의 대인관계 능력이다. 예전과 달리 요즈음 성공하는 사람들의 이미지 요소들을 분석해 보면 그들의 공통점은 한마디로 '따뜻 한 카리스마' 즉 '부드러운 리더십'을 가진 사람들이다.

'카리스마Charisma'라는 말은 원래 그리스어 'Kharisma'에서 유래된 단 어로 '신의 은총'과 '예언이나 기적을 나타낼 수 있는 초능력이나 절대적 인 권위'를 뜻했다. 그러나 20세기에 들어 독일 사회학자 막스 베버Max Weber에 의해 '대중을 감복시켜 따르게 하는 능력이나 자질'로 일반화되면 서 독재자적인 능력과 권위의 의미로 변환되고 이것이 지금까지 마치 강 한 리더십의 상징적인 단어가 되어왔다.

하지만 이제는 시대가 변해도 한참 변하면서 이제는 카리스마가 리더 십의 절대적 기준은 되지 못하고 있다. 카리스마라는 단어가 폐기되기 보 다는 그 단어의 의미가 '부드러운 카리스마' '따뜻한 카리스마' 등의 모습 으로 접목되고 재해석돼 활발하게 사용되고 있다

'부드럽고 따뜻한 카리스마'는 조직 구성원과 상대방간의 상호 존중과

신뢰 그리고 협조를 바탕으로 하는 리더십으로서 조직을 원활하게 이끌어 가기를 원하는 뛰어난 리더의 필수적 자질로 요구되고 강조되고 있다.

이런 의미의 카리스마를 가진 이들은 자신을 개방하는 자기 표현력과 남다르고 뛰어난 공감능력을 통해 자기 주변 사람들이 스스로 선택해 자기를 따르게 하고 또 그것에 자부심을 갖게 만드는 특별한 인간관계 능력을 보유한 리더라고 하겠다.

사실 이러한 '부드러운 카리스마'와 '따뜻한 카리스마'는 20세기에 만들어진 것이 아니다. 이미 수천 년 전부터 선인(先人)들이 큰 의미를 두고 가르쳤고 그대로 전해져 내려오고 있는 리더십이다.

중국 전한(前漢)말에 유향(劉向)이 중국 춘추시대(春秋時代)부터 한초(漢初)까지의 전설과 일화를 모은 설화집 『설원』(說苑)에 나오는 이야기가 있다.

노자(老子)가 임종을 앞둔 스승 상용(商容)을 찾아가 문병을 하며 "선생님, 돌아가시기 전에 남기실 가르침이 더 없으신지요?"라며 스승에게 마지막 가르침을 청했다.

그러자 스승 상용은 자신의 입을 벌려 제자 노자에게 보여주며 물었다.

상용 : 내 혀가 아직 있느냐?

노자 : 그렇습니다.

상용 : 내 이는 아직 있느냐?

노자 : 다 빠지고 없습니다.

상용 : 왜 그런지 알겠느냐?

이에 노자가 "혀가 남아 있는 것은 그것이 부드럽기 때문이고 이가 다 빠지고 없는 것은 그것이 강하기 때문입니다"(夫舌之存也, 豈非以其柔耶. 齒之亡也, 豈非以其剛耶)라고 답을 했다.

스승 상용은 "바로 그것이다. 부드러움이 단단함을 이긴다는 것, 그것이 세상 만물의 이치이고 세상사는 지혜이니라. 이제 너에게 줄 가르침이 더 이상 없구나"라고 말했다.

이름하여 '치망설존(齒亡舌存)'이라는 이 고사성어는 글자 그대로 직역하면 "치아는 망가져 없어져도 혀는 남는다"는 뜻이나 좀 풀어서 해석하면 "조직에서 제 아무리 능력이 있고 똑똑할지라도 강직한 자는 치아(齒牙)처럼 부러지고 망가지기 쉬우나 설사(設使) 능력이 그렇게 뛰어나지 않고 똑똑하지 못하더라도 부드러운 자는 혀(舌)처럼 오래 살아남을 수 있게 된다"는 가르침이라고 하겠다.

일견(一見) 이해되지 못할 말 같기도 하나 남보다 강해야 하고 남을 이기는 것만을 추구하는 무한경쟁의 시대를 살아가는 이 시대에 '치망설존'은 많은 것을 생각케 하고 삶을 돌아보게 한다.

또 노자의 『도덕경』에 '이유제강(以柔制强)'이란 말도 있다. "부드러움이 강함을 이긴다"는 말이다. '진정한 부드러움이 극에 달하면 진정한 강함이 되는 것'이다.

이와 비슷한 오래된 가르침들은 많다. 세상에 물처럼 약하고 부드러운 것이 없지만 끊임없이 떨어지는 낙숫물은 결국 언젠가는 주춧돌을 뚫고야 마는 것과 또 지나가는 나그네의 옷을 벗기는 시합을 하는 바람과 해님과의 경기에서 해님이 이기는 것도 같은 이치이다.

인생을 살아가면서 열린 입이 달려있다고 해서 강한 힘이 있고 이빨이 있다고 해서 남을 무고(誣告)하게 험담하고 씹는 자는 끝이 좋을 수가 없다.

그러나 입의 혀같이 또 심산유곡(深山幽谷)을 흐르는 물처럼 부드럽게 살아가는 사람이 언젠가는 흥하게 되고 오래 살아남게 된다는 것이 이 세상의 이치(理致)리라.

훌륭한 리더라면 진정으로 강한 힘은 부드러움에서 나온다는 것을 깨달아야 한다. 특히 똑똑하고 강한 리더가 부드러움을 더 한다면 치망설존(齒亡舌存) 리더십의 극치(極致)로 더할 나위 없을 것이다.

집필 후기: 인생은 아름다워라(La vie est belle)

짧지않는 직장 생활과 인생길,
심산유곡(深山幽谷)을 흐르는 물처럼
무겁되 가라앉지 않고
가볍되 소리내지 않으려고 했고

깊은 청산(靑山)의 소나무처럼
늘 푸르름을 자랑하며 살고 싶었고
부조리, 불합리, 불의에는 대나무처럼 휘어지지 않고 살고 싶었다.

때로는
얼음장 밑에서도 고기처럼 헤엄을 치기도 했고
눈보라 속에서도 꽃망울을 틔우는 매화(梅花)가 되기도 했다.

큰 바위는 피해 가면서도
작은 돌부리에는 걸려 자주 넘어지기도 했다.

밉게 보면 잡초 아닌 풀이 없고
곱게 보면 꽃 아닌 사람이 없는데
왜 그렇게도 꼴보기 싫은 인간들이 많은지!

서푼어치도 안 되는 자존심과 정의감을 버리지 못해
찢어지고 망가진 인간관계가 많고
화(禍)도 얼마나 많이 당했는지!

흰 머리가 나고 지천명(知天命)을 넘어서야
잡초처럼 바람보다 먼저 눕고
바람보다 먼저 우는 부드러움이
세상을 이길 수 있고 오래 사는 또 하나의 내공임을 깨닫는다.

그러나
그 억울함과 고난이 다 헛된 것은 아니더라.

늦게나마 나의 등 뒤에도 귀가 달리게 되고
발밑에도 눈이 달려 작은 돌부리도 피해 가는 지혜를 얻게 됐다.

어떠한 문제와 고난이 닥쳐와도 두려워하지 않게 됐고
사건들을 통해 평소에 몰랐던 인간군상(群像)들의 내면(內面)을
제대로 알게 되는 유익함도 있었다.

직장생활은
줄곧 빠른 승진을 한다거나
주요 보직을 맡는 등으로 남보다 잘 나가는 것보다
어려움에 처했을 때
잘 견뎌내고 잘 버텨내는 것이 매우 중요하더라.

삶에 어찌 꽃피는 봄날만 있겠으며
북풍한설(北風寒雪)이 몰아치더라도
봄이 없는 겨울은 없는 것이다.

자신의 뜻을 펴기 위해서는
때로는 불의한 처사를 당하면서
끓어오르는 내면의 분노와 모멸감, 부당함 등을 다스릴 수 있어야 하고
아무 이유 없이 억울하게 당하는 굴욕(屈辱)도 참아내야 한다.

굽힐 줄 알아야 부러지지도 않고
일어설 때 탄력있게 바로 일어날 수가 있는 것이다.

직장 생활과 삶이 전쟁이라고도 하지만
누가 이기고 질 것도 없다.

"마지막에 웃는 자가 진짜 승자"라고 하듯이

100세 시대를 살아가야 하는 이 시대에
직장생활은 '오래 다니는 자가 승자'이고 성공한 직장인이다.

직장생활과 우리 삶은
어쩌면 어린 시절에 하던 땅따먹기 놀이 같은 것 아니겠는가?

추운 날 양지바른 골목길 흙마당에 모여 시린 손을 호호불면서 조금이라
도 더 많은 땅을 따먹기 위해 짧은 손가락을 땡기고 누르고 때로는 손을 찢
다시피 하면서 땅따먹기 놀이를 하다가도 어슴푸레 저녁 노을이 찾아올
무렵 어느 한 집이라도 밥 먹으라고 부르는 소리가 나면 모두 내팽개치고
집으로 달려가던 그 모습이 아닐까?

잠시 소풍 나온 이 세상, 남은 인생
강물이 돌아가면 돌아갈수록 더 많은 대지를 적시고
더 많은 생명을 살리듯 나를 필요로 하는 곳은 어디라도 달려가고
가능한 한 남과 다투기를 피하고 아등바등 하지 않고
좀 손해 보더라도 아량을 베풀며 살고 싶다.

부모님께 효도하며
가족과 좋은 이웃들과 재미있게 살다가
소풍 끝나는 날 구경 한번 잘했다고
창조주 하나님께 꾸~뻑 절하고 가고 싶다.

각설(却說)하고,

이 시대를 살아가는 직장인들에게 조금이라도 도움을 주기위해

나름대로는 고혈(膏血)을 짜내는 고된 작업이었지만

자칫하면 '홍수 속에 마실 물이 없다' 듯이 인쇄물 홍수 속에

잡문(雜文)이나 또하나 더 만들어 내는 것이 아닐까 내심 염려되기도 한다.

특히 앞가림도 제대로 잘 못하는 범부(凡夫)로서 '리더십과 팔로워십'이란 거대 담론을 꺼내놓으려니 자못 신경이 쓰이고 어쩌면 내가 못하는 것들만 골라 써 놓은 것이 아닌가도 생각된다.

마지막으로 언론인 저술지원사업으로 부족한 놈에게도 기회를 준 태광산업 일주학술문화재단에 깊은 감사를 드린다. 아울러 여러번 편집과 교정을 거듭하면서 수고를 한 글마당 편집진에게도 감사한 마음을 전한다.

> "나의 가는 길을 오직 그가 아시나니 그가 나를 단련하신 후에는
> 내가 정금 같이 나오리라(욥23:10)"

* 업무의 공식 :

Smart boss + smart employee = profit
  똑똑한 상사 + 똑똑한 부하직원 = 이익 창출
Smart boss + dumb employee = production
  똑똑한 상사 + 멍청한 부하직원 = 생산
Dumb boss + smart employee = promotion
  멍청한 상사 + 똑똑한 부하직원 = 진급
Dumb boss + dumb employee = overtime
  멍청한 상사 + 멍청한 부하직원 = 연장근무

세상을 살아가는 직장인 제세술

* 사랑의 공식 :

Smart man + smart woman = romance
  똑똑한 남자 + 똑똑한 여자 = 로맨스
Smart man + dumb woman = affair
  똑똑한 남자 + 멍청한 여자 = 바람
Dumb man + smart woman = marriage
  멍청한 남자 + 똑똑한 여자 = 결혼
Dumb man + dumb woman = pregnancy
  멍청한 남자 + 멍청한 여자 = 임신

* 남녀의 행복 방법:

To be happy with a man, you must understand him a lot and love him a
   little.
   남자와 행복하게 살려면 최대한 많이 그 남자를 이해하려 노력해야 하고
   사랑은 조금만 해라.
To be happy with a woman, you must love her a lot   and not try to
   understand her at all.
   여자와 행복하게 살려면 그녀를 아주 많이 사랑하되 절대 그녀를 이해하려
   해서는 안 된다.

* 결혼과 남녀의 변화:

A woman marries a man expecting he will change, but he doesn' t.
   여자는 결혼 후 남자가 변하길 바라지만 남자는 변하지 않는다.
A man marries a woman expecting that she won' t change, and she does.
   남자는 결혼해도 여자가 변하지 않길 바라지만 여자는 변한다.

* 남녀의 쇼핑 공식 :

A man will pay $2 for a $1 item he needs.

　남자는 꼭 필요한 1달러짜리 물건을 2달러에 사온다.

A woman will pay $1 for a $2 item that she doesn't need.

　여자는 전혀 필요하지 않은 2달러짜리 물건을 1달러에 사온다.

* 남녀의 결혼 방정식 :

A woman worries about the future until she gets a husband.

　여자는 결혼할 때까지만 미래에 대해 걱정한다.

A man never worries about the future until he gets a wife.

　남자는 전혀 걱정 없이 살다가 결혼하고 나서 걱정이 생긴다.

A successful man is one who makes more money than his wife can spend.

　성공한 남자란 마누라가 쓰는 돈보다 많이 버는 사람이다

A successful woman is one who can find such a man.

　성공한 여자는 그런 남자를 만나는 것이다

* 남여의 대화 기술:

A woman has the last word in any argument.

　여자의 말다툼 끝에는 항상 어떤 결론이 있다.

Anything a man says after that is the beginning of a new argument.

　남자의 말다툼 끝에는 새로운 말다툼이 시작된다.